**como usar
o jornal
na sala de aula**

COLEÇÃO
REPENSANDO O ENSINO

COLEÇÃO
como usar
na sala de aula

como usar ARTES VISUAIS na sala de aula
Katia Helena Pereira

como usar AS HISTÓRIAS EM QUADRINHOS na sala de aula
Angela Rama e Waldomiro Vergueiro (orgs.)

como usar A LITERATURA INFANTIL na sala de aula
Maria Alice Faria

como usar A MÚSICA na sala de aula
Martins Ferreira

como usar A TELEVISÃO na sala de aula
Marcos Napolitano

como usar O CINEMA na sala de aula
Marcos Napolitano

como usar O JORNAL na sala de aula
Maria Alice Faria

como usar OUTRAS LINGUAGENS na sala de aula
Beatriz Marcondes, Gilda Menezes e Thaís Toshimitsu

como usar
o jornal
na sala de aula

maria alice faria

editora**contexto**

Copyright© 1996 Maria Alice Faria

Todos os direitos desta edição reservados à
Editora Contexto (Editora Pinsky Ltda.)

Ilustração de capa
Fünf Wundmale Jesu, de Andreas Felger

Coleção
Repensando o ensino

Preparação de originais
Carla Carneiro do Nascimento

Projeto gráfico e diagramação
Niulze Aparecida Rosa

Dados Internacionais de Catalogação na Publicação (CIP)
(Câmara Brasileira do Livro, SP, Brasil)

Faria, Maria Alice de Oliveira
  Como usar o jornal na sala de aula / Maria Alice de Oliveira
Faria. 11. ed. – São Paulo : Contexto, 2011.

Bibliografia
ISBN 978-85-7244-046-2

1. Jornais na sala de aula 2. Português – Estudo e ensino.
3. Sala de aula – Direção. I. Título. II. Título

96-2475 CDD-371.102

Índices para catálogo sistemático:
1. Jornais na sala de aula : Educação 371.102
2. Sala de aula : Jornais : Educação 371.102

EDITORA CONTEXTO
Diretor editorial: *Jaime Pinsky*

Rua Dr. José Elias, 520 – Alto da Lapa
05083-030 – São Paulo – SP
PABX: (11) 3832 5838
contexto@editoracontexto.com.br
www.editoracontexto.com.br

2011

Proibida a reprodução total ou parcial.
Os infratores serão processados na forma da lei.

SUMÁRIO

APRESENTAÇÃO 7

I – O JORNAL NA ESCOLA 9

POR QUE O JORNAL NA ESCOLA? 11
Uma pedagogia da informação 13
Planejamento pedagógico 17
Proposta de sequências de atividades 19
Como usar as atividades propostas neste livro 22
Comentários finais 24
Abreviaturas 26

II – ATIVIDADES 27

Primeira Parte: entrando em contato com jornais e revistas 29
1. Onde encontramos os jornais e as revistas? 31
2. Como as pessoas leem jornais e revistas? 35
3. O jornal e o semanário informativo 38
4. Folheando jornais e revistas 41
5. Manuseando o jornal 42

Segunda Parte: conhecendo o jornal 45
6. Descobrindo o jornal (1): Focalizar notícias e informações 46
7. Descobrindo o jornal (2): Notícias e publicidade 47
8. Descobrindo o jornal (3): Conteúdos de periódicos 49
9. A ficha de jornais e revistas 51
10. As fontes da informação 54

11. O circuito da informação 58
12. Periodicidade dos cadernos 62
13. Conhecendo os cadernos do jornal 64
14. Conhecendo as seções dos cadernos 68
15. Montando e desmontando cadernos (Jogo) 71
16. Síntese escrita do conteúdo dos cadernos 72
17. Localização rápida de cadernos
    ou seções pelos seus símbolos (Jogo) 74
18. Gincana das informações de jornal (Jogo) 83

Terceira Parte: visitando um jornal 85
19. Por que visitar um jornal? 87
20. Organização da visita ao jornal 89
21. Contatos com um jornalista 91
22. O que perguntar durante a visita? 95
23. Depois da visita – Impressões gerais 99
24. Depois da visita – Levantamento dos dados 101
25. Enquete sobre a circulação do jornal 103

Quarta Parte: aprofundando a análise e a prática do jornal 105
26. Os componentes da primeira página de jornais e revistas 106
27. Jogo de quebra-cabeça com a PP 109
28. O que é uma chamada? 111
29. Localizar a continuação das notícias da PP 114
30. Entendendo o cabeçalho de periódicos 116
31. Organização linguística dos títulos 120
32. Quais as notícias mais importantes da PP? 124
33. Localizar as três notícias mais importantes da PP 127
34. Comparar os títulos da PP com os das PIs 130
35. O mapa da notícia (interdisciplinar) 134
36. Os títulos e as funções emotiva e referencial da linguagem 137
37. A função conativa nas manchetes e títulos: fato e versão 141
38. Abertura ou lide 147
39. Tempos verbais utilizados em lides 152
40. Campos semânticos dos lides ou aberturas 155

GLOSSÁRIO 157

BIBLIOGRAFIA 161

APRESENTAÇÃO

No meu livro anterior – *O jornal na sala de aula* – procurei pôr à disposição dos professores uma série de experiências com o jornal na escola, feitas entre 1982-87, e testadas pelos colegas da rede de ensino público do Estado de São Paulo. Considerando a boa acolhida a esse livro, publicado em 1989 pela Editora Contexto, retomei minhas pesquisas sobre o assunto e voltei a dar cursos aos professores, discutindo com eles as novas propostas que venho reunindo através de estágios no exterior (França e Portugal) e ampliação de minha bibliografia. O resultado da retomada dessas atividades se encontram neste segundo livro, *Como usar o jornal na sala de aula*, e que, também, espero que venha a ser útil para os professores.

Após esses novos contatos, concluí que havia necessidade de retomar o assunto através de uma apresentação pedagógica mais objetiva e da indicação de sequências progressivas de trabalho. Com isso, pode se tornar mais fácil a escolha de **atividades** a serem desenvolvidas na sala de aula, como também facilitar a localização e compreensão das propostas.

A maioria das atividades apresentadas são novas em relação àquelas que se encontram em meu livro *O jornal na sala de aula*. Quando retomadas, elas são apresentadas de maneira mais pedagógica e com mais indicações no modo de utilizá-las.

Antes porém de passar à divisão **II – Atividades**, proponho a leitura da divisão **I – O jornal na escola**, onde reavalio o papel do jornal na sala de aula, e do próprio jornal nos dias de hoje, seguindo-se uma parte pedagógica, oferecendo sugestões gerais para seu uso.

I – O JORNAL NA ESCOLA

POR QUE O JORNAL NA ESCOLA?

A escola, como toda instituição, é um estabelecimento relativamente fechado e nela os alunos recebem (ou deveriam receber) instrução e formação. Dado o anacronismo, em parte inevitável, de sua estrutura e dos programas, os alunos ficam ali isolados da sociedade que evolui à sua volta. Um dos principais papéis do professor seria, pois, o de estabelecer laços entre a escola e a sociedade. Ora, levar jornais/revistas para a sala de aula é trazer o mundo para dentro da escola. Numa bela imagem, a jornalista argentina Roxana Murdochowicz chama o jornal de "janelas de papel". Através dessas janelas, o aluno pode atravessar as paredes da escola e entrar em contato com o mundo e com a atualidade. Jornais e revistas são, portanto, **mediadores entre a escola e o mundo**.

O jornal é também **uma fonte primária de informação**, espelha muitos valores e se torna assim um instrumento importante para o leitor se situar e se inserir na vida social e profissional. Como apresenta um conjunto dos mais variados conteúdos, preenche plenamente seu papel de objeto de comunicação. Mas não só, pois como os pontos de vista costumam ser diferentes e mesmo conflitantes, ele leva o aluno a conhecer diferentes posturas ideológicas frente a um fato, a tomar posições fundamentadas e a aprender a respeitar os diferentes pontos de vista, necessários ao pluralismo numa sociedade democrática.

Como **formador do cidadão**, se a leitura do jornal for bem conduzida, ela prepara leitores experientes e críticos para desempenhar bem seu papel na sociedade.

Na **formação geral do estudante**, a leitura crítica do jornal aumenta sua cultura e desenvolve suas capacidades intelectuais.

Como **padrão de língua**, os bons jornais oferecem, tanto ao professor como aos alunos, uma norma padrão escrita que sirva de ponto de referência para a correção na produção de textos. Mário Perini constata que não se observam grandes diferenças linguísticas regionais entre os jornais do Brasil todo e por isso ele sugere que "a gramática seja (pelo menos num primeiro momento) uma descrição do português-padrão tal como se manifesta na literatura técnica e jornalística".

A leitura do jornal oferece, ainda, um contato direto com **o texto escrito autêntico** (e não com textos preparados apenas para serem usados na escola). Desenvolve e firma a capacidade leitora dos alunos; estimula a expressão escrita dos estudantes, que aprendem com o jornal a linguagem da comunicação para transmitirem suas próprias mensagens e informações.

Ademais, o jornal é o material de leitura mais frequente entre os adultos leitores; segundo a FSP de 13-12-92 (2, 3), "de cada 100 paulistanos, 43 têm o hábito de ler jornais".

O jornal é também **um registro da história**, no seu dia a dia. Mas uma "história truncada, um mundo caótico", como observa Nicolau Sevcenko. Isto, entretanto, leva o aluno a adquirir a competência necessária para ordenar e compreender esse caos aparente. Para tanto, ele aprenderá a relacionar o passado com o presente, buscando as origens dos fatos e a refletir sobre as consequências daquilo que ocorre dia após dia, numa projeção da história para o futuro.

Finalmente, por todos estes fatores, o jornal se transforma numa **ponte entre os conteúdos teóricos dos programas escolares e a realidade**. Resumindo:

Para os alunos o jornal:
- é o mediador entre a escola e o mundo;
- ajuda a relacionar seus conhecimentos prévios e sua experiência pessoal de vida com as notícias;
- leva-os a formar novos conceitos e a adquirir novos conhecimentos a partir de sua leitura;
- ensina-os a aprender a pensar de modo crítico sobre o que leem; estabelece novos objetivos de leitura.

Para os professores, enfim, o jornal é um excelente material pedagógico (para todas as áreas) sempre atualizado, desafiando-os a encontrar o melhor caminho didático para usar esse material na sala de aula.

UMA PEDAGOGIA DA INFORMAÇÃO

Nestes últimos anos, setores da educação têm recomendado que os professores utilizem o jornal na sala de aula, sem entretanto lhes apontar instrumentos pedagógicos eficazes para que possam ter êxito em seu dia a dia profissional. Mais organizados, alguns jornais já vêm oferecendo cursos para professores utilizarem esse periódico na escola, sendo o *Zero Hora,* de Porto Alegre, o jornal pioneiro no Brasil neste campo. Entretanto, estas iniciativas ficam restritas à leitura dos jornais que organizam os cursos, o que restringe a capacidade crítica dos alunos, por não confrontá-las com outros periódicos. Por outro lado, estes cursos acontecem nos grandes centros e, até o momento, o material elaborado pelos jornais não é acessível aos professores que não tenham a oportunidade de frequentar os cursos.

Hoje, vivemos bombardeados por um grande volume de informações esparsas, que nos chegam através da mídia. Como escrevem Agnès e Savino, "a mídia e suas produções impregnam o cotidiano. Elas influenciam nossa percepção do espaço e do tempo, os dados de nosso conhecimento e nossa visão do mundo. Elas modificam nossa relação com o real. Este envolvimento influencia as reflexões e os comportamentos, os modos de pensar e a aquisição de conhecimentos".

O primeiro objetivo da **pedagogia da informação** é, pois, ensinar o aluno a se situar no caos desse excesso de informação (tanto no que diz respeito a fatos históricos importantes como aos fatos miúdos do cotidiano). É ensiná-lo a selecionar os fatos, organizando-os, analisando-os, criticando-os. Neste sentido, os efeitos mais gerais do trabalho com o jornal na escola levam o aluno a desenvolver operações e processos mentais que concorrem para a construção da inteligência, tais como:

- identificar, isolar/relacionar, combinar, comparar, selecionar, classificar, ordenar;
- induzir e deduzir;
- levantar hipóteses e verificá-las;
- codificar, esquematizar;
- reproduzir, transformar, transpor conhecimentos, criar;
- conceituar;
- memorizar, reaplicar conhecimentos.

Mais diretamente ligadas às atividades de aprendizagem da leitura do jornal e da produção de textos informativos e científicos, os alunos aprendem a

- encontrar pontos de referências e balizas;
- pesquisar, decodificar, levantar dados, fazer escolhas;

- organizar dados;
- ordenar ideias, comparar e comprovar;
- ligar um fato ao outro, hierarquizar, estabelecer relações de causa e efeito;
- argumentar e contra-argumentar;

E no seu sentido mais geral:

- aprender a ler; aprender a escrever; aprender a transferir aprendizagem dos fatos gerais lidos no jornal à sua vida cotidiana;
- APRENDER A APRENDER.

Há, porém, aspectos básicos que devem estar presentes na pedagogia da informação, a fim de construir e utilizar os instrumentos adequados para a realização da pedagogia da imprensa escrita, como:

1º) conhecer os sistemas e suportes do texto jornalístico;

2º) não se deixar enganar pelo **mito da objetividade** que se criou em torno do texto jornalístico.

1º) Sistemas e suportes do texto jornalístico

A notícia de um fato não chega diretamente ao leitor através do jornal/revista. É preciso que o estudante conheça o percurso da informação, que se estende entre **o fato e a versão** que a imprensa leva ao leitor (ouvinte, espectador, no caso do jornalismo radiofônico e televisivo) e os meios de comunicação que ela usa como suporte.

2º) O mito da objetividade

Grande número de pessoas são levadas a acreditar que tudo o que vem no jornal é verdade ou é **a verdade** sobre o fato. Basta cotejar os títulos de uma mesma notícia em dois jornais diferentes para se pôr em dúvida esta crença.

O mito da objetividade das notícias impressas (e agora sobretudo as que nos chegam através das imagens da TV) vem antes de tudo da mitificação do texto escrito como portador da verdade. A história nos mostra que essa aura que envolve o texto escrito está ligada à própria história da escrita, conhecida na sua origem apenas por iniciados e ciosamente protegida pelas classes dominantes como arma de poder.

A popularização paulatina do texto escrito, sobretudo depois da invenção da imprensa, no século 16, amplia o acesso da informação a um número cada vez maior de classes sociais, como uma espécie de distribuição do poder. Esse acesso à informação tem seu grande momento de popularização com a criação e expansão dos jornais (a partir sobretudo do século 18), barateados pelo progresso das técnicas de impressão e com a extensão da alfabetização às classes populares, no Primeiro Mundo, no século 19. Desta forma, a mitificação genérica do texto escrito passa também a abranger o texto jornalístico. Entretanto, por mais relativa que seja a verdade de cada órgão de informação, ele é ainda o meio mais democrático para o maior número de pessoas ficar a par do que se passa no mundo. Com o jornal impresso (o radiofônico e o televisivo que, hoje, levam a informação também aos analfabetos), o jornalismo noticioso dá um grande poder à imprensa, que, por isso, foi chamada de **quarto poder** (ao lado do executivo, do legislativo e do judiciário).

Apesar disso, não podemos perder de vista que o jornalismo também é uma **forma de ficção**, como explica José Miguel Wisnick. O acontecimento passa por uma série de filtragens, de mediadores de diversos tipos até chegar ao leitor/ouvinte/espectador. Os jornalistas selecionam os dados, recortam os fatos de um contexto e os reconstroem em outro contexto: o das páginas do jornal ou das transmissões de rádio e TV. Daí porque Ciro Marcondes Filho afirma, com razão, que o jornalismo "não é neutro nem objetivo".

Neste sentido, Clóvis Rossi, em O *que é jornalismo,* deixa clara a diferença entre **fato** e **versão**:

> "Afinal, entre o **fato** e a **versão** que dele publica qualquer veículo de comunicação de massa há a mediação de um jornalista (não raro, de vários jornalistas), que carrega consigo toda uma formação cultural, todo um background pessoal, eventualmente opiniões muito firmes a respeito do próprio fato que está testemunhando, o que o leva a ver o fato de maneira distinta de outro companheiro de formação, background e opiniões diversas. É realmente inviável exigir dos jornalistas que deixem em casa todos esses condicionamentos e se comportem diante da notícia, como profissionais assépticos, ou como a objetiva de uma máquina fotográfica, registrando o que acontece sem imprimir, ao fazer o seu relato, as emoções e as impressões puramente pessoais que o fato neles provocou."

Mas, e o leitor? Ele é neutro? Também não. O leitor, como o jornalista, traz para a leitura do jornal a sua formação específica, as suas experiências, a sua visão de mundo, os seus objetivos ao ler o jornal. E assim, o leitor como o jornalista, no dizer de Ciro Marcondes Filho, também desconstrói e reconstrói a notícia, lida, ouvida ou vista na TV – em função do próprio contexto em que vive. Portanto, o sentido da notícia **não é dado pronto ao leitor**. Ele deverá aprender a caminhar no jornal, a interpretar o que lê, ouve ou vê na televisão, para se transformar num leitor crítico e inteligente. E é neste ponto que o papel do jornal na escola adquire sua grande importância. Que vai além da prática da leitura, do contato com a informação, do desenvolvimento de sua inteligência e de outros fatores que nos aconselham a usar o jornal na sala de aula. É o momento nodal da formação do cidadão pela escola. Como escreve Morduchowicz, "o contato dos alunos com a informação da atualidade contribui para a ampliação do espaço público, porque eles poderão também compreender que também participam das decisões que afetam suas vidas cotidianas. **Assim, poderão tomar consciência de sua qualidade de cidadãos.**" (grifo meu)

A importância destes aspectos da informação jornalística nos leva a pensar num outro ponto importante que é a **ética jornalística**. Este tema tem sido tratado com frequência ultimamente pelos profissionais da imprensa. É fato que foi a imprensa quem desencadeou os processos de impeachment de Collor e denunciou os desmandos da corrupção no Congresso Nacional. Mas é fato também que há uma tendência hoje para o sensacionalismo, para a exploração indevida de assuntos ainda não comprovados. Seja por influência do sensacionalismo de certa imprensa televisiva, seja por causa da concorrência entre as empresas de comunicação, temos visto alguns casos de exploração indevida de fatos que, depois de prejudicar os envolvidos, acaba-se por provar que as denúncias não procediam. Teve bastante repercussão o livro de Sérgio Buarque Gusmão sobre o "caso Quércia", explorado amplamente pela imprensa. O nome que (ironicamente) dá ao seu trabalho é sugestivo: *Jornalismo de in(ve)stigação – o caso Quércia*. Se este forte libelo contra a leviandade da imprensa em denúncias ainda não comprovadas não conclui sobre a inocência do político paulista, um caso recente teve consequências rápidas para mostrar a falta de ética em certo tipo de jornalismo. Trata-se das acusações contra os proprietários da Escola Base, que acabaram inocentados. Os jornais de todos os níveis exploraram exaustivamente o caso, causando danos irreparáveis aos envolvidos. O jornalista Roberto Pereira dos Santos, da revista *Imprensa,* ganhou o Prêmio Esso de Jornalismo de 1994, com a reportagem sobre este caso, "Autocrítica de um crime da Imprensa" (setembro de 1994), e a *Folha de São Paulo,* em dezembro de 1994, tentou justificar seu noticiário sobre o caso (que não diferiram muito dos outros jornais) através de seu ombudsman. Como escreveu o Presidente da Fenaj, Américo Antunes, "a matéria é muito importante porque mostra de forma nua e crua um episódio que caracteriza muito bem o que ocorre com a imprensa, quando tende para o sensacionalismo e o denuncismo" (*Imprensa,* dezembro, 1994).

A questão da **ética na imprensa** precisa, pois, ser continuamente lembrada ao se usar o jornal na escola. Como avaliar a seriedade, a ética de um jornal, nas informações que transmite, nas versões que dá ao fato? Para isto é preciso conhecer bem o veículo de informação que estamos examinando: conhecer a postura ideológica do jornal, a seleção que faz da informação e a linguagem que usa para transmiti-la; confrontá-lo com outros jornais e não deixar de lado, também, a postura crítica do próprio leitor, que, no caso da escola, deve estar sendo continuamente desenvolvida.

Considerando todos estes aspectos relativos ao uso do jornal como material pedagógico na escola, e levando-se em conta os inúmeros perigos que podem advir de sua utilização malfeita, é necessário que o professor tenha seus instrumentos didáticos afiados para empreender esta tarefa, donde algumas considerações sobre o **planejamento pedagógico** para desenvolver estas atividades.

PLANEJAMENTO PEDAGÓGICO

O interesse em levar o jornal à sala de aula como instrumento pedagógico tem crescido de ano para ano no Brasil. Secretarias de Educação, jornais e TVs educativas têm apresentado programas sobre o assunto ou organizado cursos de atualização para os professores. Todas essas iniciativas são excelentes, porque elas não só enriquecem a pedagogia da informação, como permitem trocas de ideias e um diálogo através dos textos e de relatos de experiências.

Falta, porém, de um modo geral, material organizado para o planejamento do professor, com os quais este possa situar as atividades com o jornal na sala de aula num determinado percurso, atendendo a fatores básicos como:

1. O tempo que se pretende dedicar ao jornal, no conjunto de atividades de seu programa anual (ou semestral, ou bimestral etc.).

2. A escolha das atividades que o professor pretende desenvolver, atendendo a pontos básicos como:
   a) as características específicas das turmas em que se leciona;
   b) idade e nível intelectual dos alunos, o que determinará abordagens diferentes, conforme o caso;
   c) o momento do ano letivo em que o assunto será tratado;
   d) o interesse dos alunos por determinados temas, fator essencial sobretudo nos primeiros contatos com o jornal.

Determinados esses pontos, vem o principal: estabelecer minuciosamente as ESTRATÉGIAS PEDAGÓGICAS a serem utilizadas, atendendo-se aos seguintes pontos:

1. **Os objetivos que se pretende atingir** com as atividades escolhidas. O professor precisa ter bem claro o **grau de exigência** quanto aos resultados aproximados que pretende obter. Algumas atividades, como os primeiros contatos com o jornal, por exemplo, podem ser mais flexíveis quanto ao que se possa conseguir dos alunos. Em outros trabalhos, porém, será necessário exigir da classe maior rigor no seu desempenho, como, por exemplo, com a compreensão da linguagem jornalística e suas técnicas de redação, quanto à conceituação de componentes e gêneros do jornal em classes mais adiantadas etc.

2. O estabelecimento de uma **progressão equilibrada** entre uma atividade e outra, para que se possa partir de um ponto A bem determinado e chegar a um ponto B que feche harmoniosamente a sequência de trabalho.

3. Em relação a estes pontos gerais dos itens 1 e 2, o professor precisa fazer hipóteses a respeito do que se pretende trabalhar, como:
   - conhecer os aspectos que serão facilmente compreendidos e executados pelos alunos;
   - conhecer os pontos que possam apresentar dificuldade de aprendizagem, para pensar em estratégias eficazes de ensino;
   - destacar os pontos em que é preciso insistir quanto à sua aquisição satisfatória, por serem importantes para a formação do aluno e atender aos objetivos maiores do trabalho com o jornal na sala de aula;
   - decidir como será feito o trabalho: com a classe toda, num trabalho coletivo? Em grupos? Individualmente?

4. Finalmente, estabelecidos esses pontos, será preciso ainda:
   - reunir o MATERIAL necessário à execução do trabalho;
   - determinar previamente os locais em que as atividades serão desenvolvidas: na rua, em bibliotecas, na classe, etc.

Com um planejamento preciso, o professor estará preparado para fazer um bom trabalho e não ficar apenas na experiência de atividades interessantes em si, mas que, isoladas ou mal desenvolvidas, não iniciam o processo de aquisição de conhecimento sobre o jornal e não chegam a lugar algum, por falta de continuidade.

PROPOSTA DE SEQUÊNCIAS DE ATIVIDADES

FASES

Se pensarmos em atividades com o jornal na sala de aula que abranjam desde os primeiros contatos com jornais e revistas até o aprofundamento de sua leitura e a produção de textos jornalísticos, propomos diferentes fases como:

a) entrar em contato com o jornal;
b) conhecer o jornal;
c) visitar o jornal;
d) aprofundar a análise e a prática do jornal.

Este volume amplia os tipos de atividades apresentados em *O jornal na sala de aula,* retomando algumas através de uma apresentação mais pedagógica e esquematizada e apresentando muitas outras diferentes. Nosso objetivo é dar ao professor algumas ideias de como abordar o jornal, desde seus pontos de vendas, até aspectos mais destacados das primeiras páginas e das páginas internas, passando pela visita a um jornal.

As propostas apresentadas são indicadas sobretudo para alunos a partir da 3ª, série, devendo o professor selecionar a atividade e adequá-la, aos alunos, aos seus níveis intelectuais – enfim – torná-la acessível a cada turma.

COMO

Enfatizamos três pontos básicos para o uso destas propostas de abordagem do jornal na sala de aula:

A Seleção

Apresentamos um certo número de atividades para que o professor possa selecionar aquelas que considera interessantes para seu programa. Não há pois necessidade de pôr em prática **todas** as atividades, o que, aliás, seria inexequível mesmo durante um ano letivo inteiro.

A Ordem

Não há também nenhuma obrigatoriedade em que sejam seguidas na ordem em que são apresentadas neste livro. Nada impede que atividades como "entrar em contato" sejam alternadas com as de manipulação do jornal e a procura de indícios para se conhecer o jornal. Algumas, porém, requerem conhecimentos prévios e neste caso serão indicados.

A Frequência

A frequência deve ser flexível e alternar-se com outras atividades do programa da disciplina, distribuindo-se harmonicamente dentro do tempo reservado ao jornal no programa global.

O Momento

Também o momento da realização das atividades deve ser decidido pelo professor, obedecendo-se porém uma continuidade e contiguidade no tempo em relação às sequências de atividades previamente estabelecidas.

FORMAS

Um ponto é fundamental no trabalho com o jornal na sala de aula: o jornal deve ser abordado na sua complexidade. Ou seja: a leitura e a prática do texto jornalístico devem ser tratados em seus três níveis:

TEXTO – IMAGEM – DIAGRAMAÇÃO

Em alguns momentos, trabalha-se apenas com um aspecto dessa tríade, mas sem nunca perder de vista o contexto em que se encontra. Em outros, propomos atividades globais com o jornal, tomando-o inteiro; ou destacando todo um caderno; ou ainda enfatizando a unidade da Primeira Página, na sua diversidade de componentes.

De qualquer forma, para se evitar um trabalho fragmentado com os elementos básicos do jornal, nunca se pode perder de vista que, depois de uma análise, a síntese deve estar presente. No caso do jornal, situar a parte analisada no contexto a que pertence.

Caberá ao professor, apoiado nas atividades que propomos (ou que já conhece), construir seu caminho pedagógico e que seja o mais adequado à classe com que está trabalhando.

O PAPEL DO PROFESSOR

Em todo o processo das atividades com o jornal, o professor deverá conduzir a classe através de três pontos básicos, como:
- Na maioria dos casos, é preciso começar o processo, abrindo à classe a possibilidade de **levantar hipóteses** sobre o assunto,

apoiada nos conhecimentos que já possa ter do que se trata; essas hipóteses serão verificadas no decorrer dos trabalhos.

- Conduzir a classe com **perguntas de compreensão** sobre o texto. São perguntas que induzem os alunos a **levantar hipóteses** pertinentes sobre o caso estudado e de que daremos exemplos no correr deste trabalho. Só no caso em que a classe esgota as tentativas de compreender a questão por si mesma, o professor fará uma intervenção direta, salvo em alguns casos especiais que serão também indicados em certas atividades propostas.
- Outro ponto fundamental é levar os alunos a buscarem indícios que comprovem suas hipóteses ou aquilo que estão procurando no jornal. Por exemplo: os indícios que mostrem que se trata de um caderno de economia ou de espetáculos; os indícios de que se trata desta ou daquela seção etc.

Estas são as estratégias que o professor oferecerá à classe para que esta construa seu próprio conhecimento, em contato com textos autênticos. A marcha do trabalho será: descobrir, compreender, explicar, conceituar.

AVALIAÇÃO DA APRENDIZAGEM

Nenhum trabalho pedagógico pode ter sucesso sem que se faça uma avaliação contínua da aprendizagem, não só testando os alunos mas também **avaliando as estratégias didáticas utilizadas pelo professor**. Esta avaliação do trabalho do professor, por ele mesmo, pode ser feita em conjunto com a classe. A educadora francesa Josette Jolibert enfatiza a importância da conscientização dos alunos sobre as estratégias usadas pelo professor para o aprendizado. Assim, ela aconselha aos professores habituar os alunos a indagar, ao fim de uma atividade:

– O que aprendi e com que estratégias?

– Que dificuldades encontrei?

– O que nos ajudou a resolver essas dificuldades?

Uma autoanálise como essa, feita coletivamente pela classe, pode ajudar o professor a avaliar não só o aprendizado da classe como a sua própria ação pedagógica. E se houver pontos ainda obscuros, não assimilados etc., ele terá os meios em que se apoiar para esclarecer o que for necessário e insistir nos pontos mais difíceis.

COMO USAR AS ATIVIDADES PROPOSTAS NESTE LIVRO

Para facilitar a consulta das propostas pelo professor, organizamos cada atividade numa mesma sequência, a saber:

OBJETIVOS

Síntese das principais aquisições que se pretende atingir com a atividade. Não repetimos neste item as operações e processos mentais que concorrem para a construção da inteligência – variadas em cada item – para não sermos repetitivos. O detalhamento destas operações envolvidas no trabalho do jornal na escola se encontram na divisão "I – Uma pedagogia da informação".

NÍVEL DOS ALUNOS

A indicação da idade dos alunos em cada atividade é apenas aproximada. Caberá efetivamente ao professor, que conhece suas turmas e seu trabalho, decidir em última instância se a atividade é realmente adequada ou não às séries que indicamos. Hoje, a escola de 1º e 2º Graus recebe alunos de todos os níveis sociais e por isso as classes, de escola para escola, são heterogêneas. Assim, o professor dará a última palavra.

TEMPO

Trata-se de uma sugestão apenas, pois ele dependerá não só das habilidades da classe, como do maior ou menor aprofundamento da atividade, decidida pelo professor.

Outro aspecto a ser levado em conta é o fato de que o professor poderá mudar a progressão das atividades. Então, o que levaria mais tempo sem alguns conhecimentos prévios, pode ser feito mais depressa quando houve atividade precedente que de algum modo preparou a classe para o trabalho em questão.

O principal é o professor ter sensibilidade para dosar os trabalhos e não cansar a classe. E até mesmo interromper ou adiar a sua continuação se observar que a classe já não responde bem ao que se está fazendo. **Disciplina de trabalho** não é sobrecarregar os alunos, mas saber distribuir o tempo de forma produtiva.

MATERIAL

Consideramos que o sucesso de uma atividade pedagógica se deve também a ter em mãos todo o material da aula, previamente selecionado, organizado e reproduzido se necessário, para ser usado na hora certa, sem confusão nem atrasos, no tempo previsto para o trabalho. Por isso, criamos esse item que ajudará o professor a reunir o que for preciso para sua aula.

DESENVOLVIMENTO

É a parte mais importante da série, pois oferece estratégias pedagógicas para a condução dos trabalhos. Como em outros itens, são também sugestões que não precisam ser seguidas rigidamente pelo professor. Ele pode – e deve – criar sua própria marcha pedagógica se concluir que nossas sugestões não se adaptam inteiramente com o que está fazendo ou que quer fazer em sua aula.

Neste item, ora dividimos a atividade em FASES, ora em DIAS. As FASES são as etapas do trabalho que tanto podem ser desenvolvidas numa só **sessão** (um período de trabalho que pode ocupar uma ou duas aulas), por serem curtas, como podem ocorrer em mais de um dia de aula. Já o DIA (Primeiro Dia, Segundo Dia) são atividades que, por serem mais longas ou complexas, precisam ser estendidas por mais de uma **sessão**, daí o aconselhamento em dividir o trabalho em DIAS. Como já viemos enfatizando, é o professor quem decidirá da conveniência em estender as atividades em diversos momentos de sua disciplina.

OUTROS ITENS

Depois desses itens relativos a todas as atividades, seguem-se alguns itens diferenciados que não estarão presentes em todas, como:

Conhecimentos prévios

Algumas atividades têm pré-requisitos, que vêm indicados logo abaixo do título.

Observações

Comentários complementares ao **Desenvolvimento**, onde acrescentamos algumas orientações sobre o assunto.

Prolongamentos

Sugestões para se continuar a atividade proposta, se o professor o desejar. Geralmente, são variações sobre o trabalho principal ou seu aprofundamento.

Ao professor

Apresentamos nesta rubrica análises de notícias ou de jornais, damos informações teóricas e o que possa complementar o conhecimento do professor sobre o assunto e que não caberiam no item **Desenvolvimento**, por interromper a marcha pedagógica do trabalho.

Exercícios

Em algumas atividades, para facilitar o trabalho do professor, elaboramos exercícios tirados de jornais autênticos. Alguns reúnem títulos ou lides variados para exemplificar o que se está tratando. A maioria são quadros para serem preenchidos pelos alunos, como exercícios ou jogos. Eles são apenas demonstrativos, podem ser ampliados ou diminuídos, conforme as necessidades do trabalho. Tanto podem ser organizados e policopiados para a classe como serem elaborados pelos próprios alunos, com o auxílio do professor de educação artística, por exemplo.

Anexos

Os Anexos são quadros com sínteses do assunto tratado, para uma melhor visualização dos elementos ensinados ou quadros com exercícios para demonstração ou fixação da atividade.

Glossário

No final do volume o professor encontrará um **Glossário** de termos jornalísticos usados neste livro, para consulta e subsídios, em particular para as conceituações a serem elaboradas pela classe durante os trabalhos.

COMENTÁRIOS FINAIS

• É preciso assinalar que este livro não pretende esgotar as formas de trabalhar com o jornal. Está fora principalmente o trabalho com os gêneros jornalísticos, como editorial, artigo, reportagem e outros, para cuja orientação poderá ser consultado O *jornal na sala de aula,* desta autora, os autores de nossa bibliografia ou outro trabalho do conhecimento do professor.

• Quanto à decisão de fazer trabalhos coletivos, individuais ou em grupos, fica também a critério do professor. Geralmente, propomos trabalhos em grupo pois eles permitem que os alunos troquem ideias entre si antes de se fazer uma rodada geral com a classe. Entretanto, essa rodada geral, em certos casos indicados, deve preceder os trabalhos de análise dos grupos.

• Muitas das atividades propostas são LÚDICAS, e podem parecer brincadeira dispensável para os trabalhos considerados "sérios". Gostaríamos de enfatizar que o LÚDICO TAMBÉM É TRABALHO. Em muitos casos, o lúdico pode criar na classe um clima de boa vontade com trabalhos mais áridos. Em outros, torna o trabalho escolar mais agradável, um momento de distensão em que o aprendizado não está absolutamente ausente.

• Embora tenhamos tratado disto em certas atividades, lembro ainda do papel importante que pode ter o que chamamos de "professor-escrevente", nas classes em que os alunos ainda não dominam a escrita. Com efeito, muitas atividades aqui propostas podem ser feitas também em classes iniciais do 1º Grau, pois o aluno não só tem ideias sobre o assunto, como já pode começar o trabalho de levantamento de dados, de classificações e até de conceituação. Se o professor tomar a si a tarefa de anotar essas ideias e ajudar os alunos nas outras tarefas, ele estará fazendo com a classe o **uso funcional da escrita**, tão enfatizado hoje por especialistas em alfabetização.

É preciso ter cuidado, porém, para que essas anotações respeitem o mais possível a expressão espontânea da criança. O que se escreve deve ter, naturalmente, a estrutura do texto escrito, mas este pode guardar de perto a forma oral de expressão sem incorrer-se em desvios do código escrito.

• Uma palavra sobre a questão da conceituação, tão importante na escola para levar o aluno a elaborar um conceito, resumir uma ideia ou explicar o sentido de uma palavra, sem cair nos **legais**, que hoje resumem as explicações dos jovens, quando não é o silêncio total. Insistimos em que o professor precisa ajudar a classe com **perguntas** que conduzam os alunos a chegar à sua própria conceituação. Só depois disto é que o professor deverá dar uma conceituação mais técnica ou mais completa para que os alunos cotejem com as suas, para corrigir ou completar o que for necessário. Não se trata aqui absolutamente de considerar ruim a conceituação do aluno, mas uma forma de habituá-lo a: primeiro procurar fazer sua própria definição; segundo, **pesquisar**, em textos especializados, a conceituação ou definição dos especialistas.

• Finalmente, será muito útil para o bom andamento pedagógico da atividade que os professores **procurem fazer a atividade antes de levá-la para a classe**, a fim de sentir as suas dificuldades e facilidades. Nós, professores, não somos jornalistas. Em nossos cursos de formação profissional não fomos preparados para levar essas atividades para a sala de aula. É portanto normal que nós mesmos nos exercitemos nessas tarefas, antes de propô-las para a classe.

• Talvez o que aqui oferecemos aos professores – particularmente aos meus colegas da escola pública – pode parecer exigir demais deles, neste ano de 1996, onde quase já perdemos a esperança de ver nossa profissão devidamente respeitada. Salários aviltantes, condições de trabalho péssimas, classes heterogêneas, em muitos casos desinteressadas, agressivas e até mesmo perigosas. Grandes desilusões com os políticos eleitos, fisiologistas uns, tecnocratas outros, todos alheios ao fato de que o governo está aí para conduzir o povo a uma vida melhor, e não a aumentar o PIB ou entrar numa "modernidade" que só serve para uns poucos privilegiados. Se aguentamos até aqui, gostaria de deixar aos colegas uma mensagem de coragem, para defendermos não a modernidade material, técnica – esse falso progresso – mas um tratamento humanístico das coisas públicas e uma escola que forme o cidadão-gente. Vocês me entendem.

ABREVIATURAS

No decorrer deste livro, empregamos algumas abreviações, para evitar repetições. São elas:

CB	–	Ciclo básico. Corresponde, nas escolas públicas do Estado de S. Paulo, às 1ª e 2ª séries do 1º grau.
DC	–	*Dicionário de comunicação,* de Rabaça e Barbosa.
FSP	–	*Folha de S. Paulo* (jornal).
HQ	–	História em quadrinhos.
OESP	–	*O Estado de S. Paulo* (jornal).
PI	–	As páginas internas dos jornais.
PP	–	A primeira página dos jornais.
PPC	–	A primeira página de cadernos.
QN	–	Quadro negro.

II – ATIVIDADES

PRIMEIRA PARTE: ENTRANDO EM CONTATO COM JORNAIS E REVISTAS

Objetivos
- Proporcionar um primeiro contato com jornais e revistas.
- Comparar o jornal com outros materiais impressos: revistas, livros, catálogos, cartazes etc.
- Ver "como é um jornal por dentro" (folhear, manusear).
- Localizar livremente no jornal/revista assuntos que interessam ou não à classe.
- Conhecer pontos de venda de jornais e revistas e outros lugares onde podem ser encontrados.
- Indagar o destino de jornais e revistas depois de lidos.
- Entrar em contato com pessoas que vendem jornais e revistas.
- Observar leitores de jornais e revistas em diversas situações.
- Praticar atividades lúdicas (mímica, teatro) a partir da leitura de jornais e revistas.
- Iniciar-se livremente em gêneros jornalísticos como a crônica, a reportagem, a entrevista, a redação de títulos etc.
- Praticar atividades ligadas à literatura, como: descrição de tipos, narrativas e crônicas.

Ao professor

Antes de se fazer uma análise mais aprofundada do jornal e sua leitura crítica, bem como produzir um jornal escolar, convém desenvolver atividades em que os alunos entrem em contato com periódicos de forma solta e variada. As cinco atividades propostas nesta série atendem a esse objetivo. Caberá ao professor selecionar as que considera adequadas para suas turmas e seu programa. Aconselhamos que esta seleção reúna atividades diferentes umas das outras, de modo a compor um conjunto variado.

As atividades de **redação**, nesta fase, podem ser ainda pouco rigorosas, uma vez que estamos apenas "entrando" no jornal/revista. Informações sobre a linguagem dos gêneros jornalísticos devem ser transmitidas durante a aula, mas sem sobrecarregar a atividade. Mais tarde, o professor retomará os diferentes gêneros – inclusive a descrição, a narração literária e a crônica – e os aprofundará.

Outro lembrete é que estas atividades não precisam ser esgotadas antes de se iniciar as atividades da **Segunda Parte** e mesmo das outras **Partes**. Caberá ao professor organizar uma seleção geral do que pretende desenvolver durante o ano letivo em seu programa, com relação ao jornal, colocando entre ela algumas atividades desta **Primeira Parte**.

1. ONDE ENCONTRAMOS OS JORNAIS E AS REVISTAS?

Objetivos
- Tomar conhecimento da variedade de títulos da imprensa escrita.
- Localizar os lugares de venda, de consulta e leitura ou outros, onde jornais e revistas ficam à disposição de leitores.

Nível dos alunos
A partir da 3ª série. Para os menores centrar as pesquisas nas publicações infantis.

Tempo
Muito variável, segundo a idade dos alunos e o maior ou menor aprofundamento dos dados a serem levantados. Considerando a quantidade do material a ser coletado nesta pesquisa, aconselha-se que seja feita no início do ano letivo, para ir aproveitando-a aos poucos nos meses subsequentes.

Material
Caderno/bloco para tomar notas, máquina fotográfica, gravador, filmes, fitas, fichas, cartolina para cartazes, canetas hidrográficas, mapa da cidade ou do bairro.

Desenvolvimento

PRIMEIRA FASE: Preparação da pesquisa

(1) Na sala de aula: orientação inicial dos alunos.
(2) O professor prepara a classe para a pesquisa, explicando seus objetivos, e dá uma ideia geral de sua execução.
(3) A classe levanta hipóteses sobre todos os lugares em que se pode comprar, ler ou encontrar jornais e revistas. Cada sugestão é escrita no quadro.
(4) As listas são organizadas a partir dos itens abaixo e os alunos copiam em seus cadernos:
   Pontos de venda: bancas de jornal, lojas, livrarias, supermercados etc.
   Pontos de distribuição: representantes de jornais na cidade, correios, pessoas encarregadas de entregar o jornal aos

assinantes etc. Indagar como e quando esses intermediários recebem o material das empresas.

Lugares de leitura: bibliotecas, salas de espera variadas (médicos, barbeiros etc.), bares, transportes públicos, a casa dos leitores etc.

Outros lugares: depois de lido, o jornal é descartado. Onde vai parar (açougues, quitandas...). Quem os recolhe, quem os compra. O que se faz com esse papel. Reciclagem do papel.

(5) O professor organiza os grupos, que escolhem os lugares que gostariam de pesquisar.

(6) Em seguida organiza-se a pesquisa: o que observar, o que anotar, os roteiros de perguntas, os roteiros de entrevistas. Estabelecer as perguntas básicas a serem feitas às pessoas: jornaleiros, vendedores, leitores, bibliotecários, recolhedores de jornais velhos.

(7) Na banca, pode-se pedir posters de propaganda dos jornais e revistas para documentar e ilustrar o trabalho final.

(8) Orientar os alunos para as fotos: o que e quem fotografar.

(9) Esta orientação deve contar com a ampla participação da classe, que dará sugestões.

SEGUNDA FASE: Execução da pesquisa

Os alunos saem (pela cidade, bairros ou quarteirões) em busca das informações e dos dados a serem trabalhados na fase seguinte.

TERCEIRA FASE: Organização e exploração dos resultados

(1) Na sala de aula ou em casa.

(2) Dependendo dos objetivos que se decidiu alcançar, esta parte pode se limitar a um levantamento esquemático dos resultados ou chegar a desdobramentos complexos do trabalho, como por exemplo:

a) Elaboração de plantas da cidade, do bairro ou do quarteirão e aí localizar as bancas de jornal etc., assinalando-se aquela onde foi realizada a pesquisa. É um trabalho que pode ser feito com a colaboração do professor de geografia e de educação artística.

b) As equipes que pesquisaram bancas de jornais ou lojas de vendas podem apresentar uma classificação dos títulos das publicações à venda, agrupando-os por gênero. Em seguida, poderão fazer uma classificação mais detalhada dos títulos que mais interessam a equipe ou aos alunos em geral. Pode-se indicar os títulos que os vendedores põem em destaque. Para os pequenos, ficar, por exemplo, só com a classificação de gibis.

c) Elaboração de um esquema de localização dos tipos de impressos (cartazes de propaganda) e seus temas no local de venda.

d) Numa rápida troca de ideias, oralmente portanto, os grupos cotejam as diferenças e semelhanças de apresentação dos títulos em postos de venda diferentes.

e) As equipes que pesquisaram bibliotecas poderão fazer o mesmo trabalho.

f) Com as relações de títulos levantados na banca os alunos podem organizá-los, conforme o quadro do Anexo.

g) A classe organiza um painel final com todos os resultados sintetizados em seus aspectos essenciais.

h) Outras atividades poderão ainda resultar desse trabalho, como: redações, quadros, estatísticas (recorrer ao professor de matemática). De caráter mais literário, poderão ser feitas descrições rápidas de tipos, como o leitor, o vendedor, o comprador e ainda narrativas a partir dos diferentes acontecimentos ocorridos durante a pesquisa. Do ponto de vista lúdico, poderão ser montadas cenas diversas a partir do que se viveu ou observou.

i) Elaboração de quadros com reportagens fotográficas e suas legendas e textos.

j) Para as entrevistas, os professores encontrarão mais informações em *O jornal na sala de aula*.

Observações

É importante que os alunos não sejam sobrecarregados com excesso de notas, o que tornaria o trabalho desinteressante. Assim, seria bom que cada grupo só fizesse o levantamento detalhado de um único gênero jornalístico e dentre as revistas de um só tema, segundo os interesses e as idades. Por exemplo: um grupo se ocuparia dos jornais, outro das revistas femininas, outro de revistas dedicadas a esportes etc. Não havendo duplicação de trabalho entre os grupos, cada um ouvirá a exposição do outro com mais interesse.

Caberá portanto à sensibilidade do professor dosar esta atividade, estabelecendo os limites da pesquisa em todos os seus aspectos.

Ao professor

No caso de dificuldades em sair com os alunos pequenos para a rua, a fim de observar os pontos de venda, o professor pode montar uma banca dentro da sala de aula. Para isso, terá ele mesmo que observar primeiro a organização de um ponto de venda. Solicitar que os alunos tragam jornais e revistas os mais variados para a aula. Cada título de jornal deve ter vários exemplares. Organiza-se a "banca" com a classe, sob a orientação do professor. A partir daí pode-se fazer trabalho de observação e levantamento proposto.

Esta forma de trabalho não terá a riqueza daquele feito numa banca verdadeira, mas será certamente um trabalho lúdico que motivará as crianças.

ANEXO
Periodicidade de jornais e revistas

categorias	diários	semanários	mensários
jornais nacionais	*OESP, JSP*		
jornais regionais		*Jornal da Segunda (Assis)*	
magazines ilustrados		*Manchete*	
informativos		*Veja*	
animais			*Cães & Cia*
revistas femininas			*Cláudia*
jornalismo			*Imprensa*
etc.			

NOTA: Este quadro é apenas indicativo. Os quadrados devem ter dimensões variadas, conforme o número de títulos levantados. Algumas sugestões de classificação: revistas masculinas; gibis para crianças; gibis para adultos; TV e cinema; esportes; casa e decoração; natureza e jardim; lazer; economia; autos e motos; geografia e viagens; música/som; informática; pequenos anúncios.

2. COMO AS PESSOAS LEEM JORNAIS E REVISTAS?

Objetivos
- Desenvolver a capacidade dos alunos para observar lugares, ambientes, pessoas, gestos característicos no ato da leitura.
- Aprender a organizar e fazer entrevistas.
- Transformar entrevistas num texto, como artigo, reportagem.
- Usar o trabalho para performances dramáticas, numa atividade lúdica e criativa.

Nível dos alunos
A partir da 3ª série.

Tempo
Variável, dependendo do aprofundamento e da variedade do material coletado. É um trabalho longo que exige muitas sessões, podendo se estender por 2 a 4 bimestres e ser alternado com outras atividades com o jornal.

Material
Caderno/bloco para tomar notas, máquina fotográfica, filme, gravador, fitas, fichas, cartolina para cartazes, canetas hidrográficas.

Desenvolvimento

PRIMEIRA FASE: Na sala de aula

(1) O professor prepara a classe para a pesquisa, explicando os objetivos, e dá uma ideia geral de sua execução.

(2) A classe indica os lugares onde se leem jornais e revistas e o professor complementa a lista, se for o caso. A lista é escrita no QN e copiada no caderno.

(3) Organizam-se as equipes, que escolhem o local que vão visitar e observar.

(4) As equipes discutem e estabelecem com precisão o que vão fazer. Por serem variadas, nem sempre as atividades serão as mesmas.

(5) Cada equipe expõe oralmente à classe seu projeto. Os colegas e o professor intervêm completando o que for necessário ou interessante fazer.

(6) Fechar a preparação com a relação do material a ser levado pelas equipes, estabelecendo-se datas e limites de tempo para essa fase.

(7) **Sugestões para elementos a serem levantados:**
   a) localização do lugar a ser trabalhado;
   b) descrição do lugar;
   c) indicação do lugar em que ficam os jornais e revistas;
   d) indicação e descrição dos leitores que o frequentam;
   e) conforme o lugar a leitura pode ser feita: sentada (onde? há conforto?); de pé, com tempo e atenção, desconfortável e superficialmente, sem atenção e com indiferença, com irritação? (pensem os alunos nas condições de leitura em ônibus, nas salas de espera onde se espera muito... nas pessoas que procuram empregos em jornais, sentadas em praça pública);
   f) entrevista eventual com um leitor; as perguntas devem ser estabelecidas antes na sala de aula, com sugestões de toda a classe. Pense-se em fazer perguntas adequadas à pessoa do leitor. Não devem ser muito numerosas, para não cansar e não complicar demais o trabalho. Inicialmente, marca-se o sexo, a idade e a profissão do leitor. **Algumas sugestões para as perguntas**: razões da leitura; periodicidade dessa leitura; assunto que procura ou prefere ler no periódico. Em *O jornal na sala de aula* há indicações sobre a realização de entrevistas e seu aproveitamento;
   g) fotos de locais e de pessoas.

SEGUNDA FASE: Trabalho de campo

TERCEIRA FASE: Organização e apresentação dos dados

(1) A organização dos dados deve ser feita no próprio horário das aulas, pois o professor poderá orientar o trabalho e atender ao pedido de auxílio dos alunos.

(2) Inicialmente, procura-se organizar sucintamente os dados referentes à descrição dos locais visitados e das pessoas entrevistadas. É o momento de se trabalhar a **descrição**, enfatizando-se a escolha dos elementos mais representativos, a sua hierarquização e as variedades na maneira de sua apresentação, a fim de não torná-las tediosas e pobres (ponto de

vista do narrador, tom da apresentação: referencial, humorístico, dramático... a escolher).

(3) A **entrevista** demandará mais tempo para ser trabalhada e pede uma assistência especial para cada equipe, dada a variedade de resultados e a forma como foi feita (anotações ou gravação). Como orientação de toda a classe, o professor poderá escolher uma entrevista para ser trabalhada coletivamente e servirá de modelo. Terminado o trabalho, cada equipe fará primeiro uma exposição oral sucinta dos resultados.

(4) Passa-se à redação de um texto escrito: uma apresentação referencial do trabalho ou uma **reportagem**. Outra forma de apresentação são **painéis** a serem expostos na escola.

(5) Como reportagem ou painéis, sugere-se que se faça um jornal mural com fotos, legendas e pequenos textos, além de tabelas estatísticas (se levantadas), desenhos, pequenos trechos de entrevistas etc.

(6) **Aproveitamento lúdico:** os alunos apresentam à classe quadros vivos (falados ou apenas mímica) dos diferentes leitores lendo jornais e revistas. Poderão também representar uma entrevista, caso tenha acontecido algo de pitoresco. Não se esquecer do cenário adequado ao lugar onde ocorreu a pesquisa.

(7) Poderão também criar pequenos esquetes reproduzindo a entrevista ou até inventar entrevistas com leitores possíveis.

Observações

Trata-se de uma pesquisa que renderá material para trabalhar o ano todo e prepara também para a leitura e observação de tipos em narrativas e crônicas, novelas de TV, tipos de rua etc. Aconselhamos o professor que procure em textos literários, cujo nível seja adequado ao dos alunos, modelos de descrição de ambientes e personagens, bem como de diálogo teatral e a organização de cenas. Recomendamos, em especial, as crônicas de Luís Fernando Veríssimo, publicadas aos domingos em O *Estado de S. Paulo.* Neste caso, sugerimos que as sessões com aproveitamento mais voltado para o literário sejam distribuídas pelo ano letivo, independentes das atividades com o jornal.

3. O JORNAL E O SEMANÁRIO INFORMATIVO

Objetivos
* Tornar claras as diferenças entre dois materiais impressos bem conhecidos.
* Estimular a observação através da comparação.
* Desenvolver a capacidade de levantar dados, organizá-los e hierarquizá-los.
* Organizar esquemas e roteiros de redação.

Nível dos alunos
A partir da 7ª série, mas sobretudo no 2° Grau.

Tempo
1 aula para o levantamento e 1 para a organização final dos dados, mais o tempo necessário para uma redação, se assim for decidido.

Material
Jornais e semanários variados, com datas aleatórias.

Desenvolvimento
(1) Distribuir um jornal e um semanário para cada grupo.
(2) Solicitar que os grupos observem o material e indiquem, oralmente, o que forem observando como semelhanças e diferenças.
(3) Escrever as observações em colunas no QN, que serão concomitantemente copiadas pelos alunos em seus cadernos.
(4) Para o professor dirigir a atividade, propomos as seguintes perguntas sobre:
   a) dimensões;
   b) capa do semanário e da PP do jornal;
   c) qualidade do papel;
   d) tiragem e numeração das páginas;
   e) apresentação dos textos: títulos e autores;
   f) caracteres tipográficos, ilustrações, fotos e gráficos;
   g) distribuição dos assuntos: nos livros há capítulos, no jornal há cadernos e seções, e nos semanários?

h) valor atribuído ao semanário e ao jornal;
i) elaboração, fabricação e locais de venda;
j) destino habitual após a leitura.
(5) Agrupamentos dos dados sob rubricas abrangentes:
a) elementos materiais;
b) apresentação das matérias;
c) fabricação e venda;
d) valores atribuídos.
(6) Elaborar uma redação sobre o assunto.

Prolongamentos

Comparações deste tipo podem ser feitas com outros materiais impressos, como catálogos de lojas, lista telefônica, carteira de trabalho, cartazes publicitários etc. Mas, para não tornar a atividade monótona e repetitiva, estas comparações devem ser breves e ficar apenas na expressão oral. O importante é despertar no aluno a capacidade de observar, comparar e de estabelecer semelhanças e diferenças.

Ao professor

Semanário informativo: chamamos a atenção para:

Capa – em papel glacê mais resistente, pois é um material para ser lido durante toda a semana e pode ser colecionado, encadernado como um livro.

Para atrair o leitor, ela tem apresentação chamativa: é colorida, com fotos (ou desenhos e caricaturas), manchetes, subtítulos e chamadas, além do título da revista. Tudo isso costuma se distribuir num espaço pequeno e portanto sua diagramação é muito cuidada. Fotos e chamadas podem eventualmente cobrir parte do nome da revista ou vice-versa.

Levar os alunos a observarem que a capa dos semanários traz apenas uma ou duas manchetes e chamadas em contraposição com o material variado da PP de um jornal.

Matérias – são apresentadas sob a forma de seções, que substituem os cadernos dos jornais. Há entrevistas, reportagens, artigos, comentários, humor, caricatura, pequenas informações, muitas fotos e às vezes também desenhos, gráficos, mapas, além da publicidade. Tudo isso, porém, já não tem a transitoriedade das notícias de jornais, pois são sínteses dos acontecimentos da semana – trata-se de uma matéria menos perecível que a dos jornais e justifica o seu colecionamento. A revista já é tratada um pouco como um livro.

Linguagem – por essas razões, a linguagem dos semanários é um pouco diferente da dos jornais. Não vamos estudá-la nesta fase de primeiros contatos, mas já se pode – em classes mais adiantadas – chamar a atenção para pequenas diferenças nos títulos e subtítulos das matérias. Eles são mais discretos nos semanários, pois estes têm uma função de síntese e já não se está tratando de fatos veiculados em primeira mão pelos jornais, que precisam de uma linguagem mais chamativa para vender. As legendas das fotos também são diferentes: nos jornais, apenas indicativas, enquanto que nos semanários elas são mais informativas e participam do caráter de síntese e comentário do semanário. Uma comparação entre os dois tipos de legenda pode esclarecer este ponto.

Os semanários informativos costumam ter uma linguagem padronizada que os caracteriza. O jornalista Marcelo Coelho, no artigo "Veja maquia estilo para fugir do clichê" (FSP, 12-5-95, 5-9), analisa o estilo desse semanário. Ele critica a busca de uma originalidade que afinal resulta num estilo afetado. "Ao tentar evitar o burocratismo – diz o subtítulo do artigo – revista busca vocabulário 'inteligente', que parece decorado na véspera". E comenta um exemplo:

> "Fernando Henrique Cardoso 'passou um torniquete nas importações da Zona Franca de Manaus'. Quatro linhas abaixo, lemos que esse torniquete 'foi uma paulada'. Mas uma paulada 'para estancar a hemorragia da balança comercial'. No parágrafo seguinte, o rninistro José Serra resume, ou melhor 'festeja': 'Foi um bom tranco'."

Recomendamos a leitura desse artigo de Marcelo Coelho e seu uso, sobretudo no 2° Grau, pois abre caminho para a busca e análise dos clichês da imprensa em geral.

Acrescentemos a isso a moda que assola os jornais de hoje quanto ao uso do verbo **comemorar**. Além da frequência do emprego, que desgasta a palavra, ela muitas vezes é usada em situações inadequadas. Uma pesquisa nessa caça ao "fulano comemorou" não é difícil de ser feita, dada a frequência com que a palavra é usada.

Publicidade – nos semanários ela é mais sofisticada que nos jornais. Seus temas são limitados e se dirigem a leitores mais seletos.

4. FOLHEANDO JORNAIS E REVISTAS

Objetivos
- Estabelecer um primeiro contato com a riqueza de assuntos dos jornais e revistas.
- Despertar a curiosidade dos alunos por esses impressos.
- Estimular os alunos a encontrar preferências por assuntos tratados nos jornais e revistas e a indicação daqueles que são rejeitados por alguma razão.

Nível dos alunos
Todos os níveis, respeitando-se a idade, o adiantamento e os interesses da turma e de cada um.

Tempo
2 aulas.

Material
Heteróclito. Pedir que os alunos tragam os mais diversos títulos e gêneros de periódicos para a sala de aula, novos ou velhos. Quanto maior a variedade, melhor será o aproveitamento. O professor poderá também providenciar uma amostragem representativa de publicações para a classe folhear.

Desenvolvimento
(1) Criar um clima que favoreça a troca de ideias e de discussões entre os participantes do grupo.
(2) Distribuir o material aleatoriamente.
(3) Os alunos folheiam os jornais ou revistas à vontade, discutem o seu conteúdo, formam um juízo de valor ou de apreciação.
(4) O grupo procura classificar o conteúdo do jornal ou revista e destacar o que lhe interessa ou não, justificando suas posições. Anotam as conclusões para a apresentação oral.
(5) Cada grupo apresenta rapidamente suas conclusões. É um trabalho eminentemente oral e informal.

5. MANUSEANDO O JORNAL

Conhecimentos prévios
Ter tido um primeiro contato com o jornal, folheando-o.

Objetivos
- Continuar o trabalho anterior, aprofundando o contato com os jornais e revistas.
- Iniciar os alunos na tarefa de observar, levantar dados, classificá-los e hierarquizá-los.
- Tomar conhecimento de aspectos externos e materiais de jornais e revistas.

Nível dos alunos
Todos os níveis.

Tempo
2 a 4 aulas.

Material
Como na atividade anterior, reunir títulos bem variados, incluindo-se jornais e revistas. A data não é importante, bastando que seja recente.

Desenvolvimento
(1) Se possível, refazer as equipes do trabalho anterior e lhes dar para análise o mesmo jornal ou revista, para aproveitar o folheamento já feito.
(2) Começar por observar os **aspectos materiais**: tamanho, formato, peso, qualidade do papel, número de páginas, emprego de cores ou não.
(3) **Para os menores**, pode-se fazer um trabalho de contatos sensoriais como: "sentir" o papel (liso, rugoso, macio, fino, grosso...). Observar os ruídos provocados pela sua manipulação, desde o barulho do folhear o jornal ou revista até aquele resultante de se amassar as folhas, ou sacudi-las. Testar a resistência das folhas, rasgando-as, esfregando-as, dobrando-as.

Definir o cheiro específico de jornais e revistas, o cheiro de revistas novas em papel glacê e estabelecer juízos de valor: forte, fraco, agradável, desagradável, gostoso, repugnante etc. No caso do jornal, que solta tinta, sentir e ver a tinta nos dedos que manuseiam as folhas.

(4) **Manipulação das páginas**: o tamanho, o formato e o número de páginas levam a diferentes formas de manipular a publicação. Qual a maneira mais fácil de se virar as páginas de um jornal? de um tabloide? de uma revista? Testar a manipulação de um jornal em diferentes posturas: deitado de costas, de bruços, sentado com o jornal aberto numa mesa, de pé, num meio de transporte (tratando-se de atividade de sala de aula, o professor poderá montar pequenas cenas, representando essas formas de leitura). Repetir o mesmo exercício com revistas e livros. Comparar as dificuldades e facilidades de cada um, para cada situação.

(5) Cada grupo apresenta rapidamente suas conclusões. É um trabalho eminentemente oral e informal.

(6) Redigir fichas sucintas com os dados obtidos.

(7) Redigir uma crônica sobre as diferentes maneiras de ler o jornal ou uma revista.

(8) Em atividade lúdica, teatral, utilizar a mímica em cenas manipulando um jornal ou revista para uma leitura rápida ou detalhada.

(9) Dentro do mesmo espírito, escrever pequenas cenas com monólogos ou diálogos para serem representadas.

(10) Escrever pequenas narrativas em que se contam episódios acontecidos com o manuseio de jornais e revistas. Deixar a imaginação voar solta...

SEGUNDA PARTE: CONHECENDO O JORNAL

Objetivos
- Conhecer a estrutura geral de jornais/revistas, como sua divisão em cadernos, seções, colunas, dando-se ênfase especial aos **indícios** que os marcam.
- Iniciar os alunos na busca de informações precisas, através de indícios pertinentes, e/ou localizando-os pelas características visuais – símbolos, logotipos, diagramação, aspecto gráfico da página etc.
- Conceituar elementos e sintetizar temas tratados em cadernos e seções.
- Desenvolver a capacitação em leitura e escrita.
- Desenvolver operações e processos mentais que aguçam a inteligência.
- Trabalhar com o jornal/revista de forma lúdica, sob a forma de jogos.

Ao professor
Nesta Segunda Parte, propomos atividades que levem o aluno a "entrar" no jornal e a aprender a se situar em relação às informações do periódico.

Aí temos atividades que vão do desenvolvimento motor do aluno ao seu desenvolvimento intelectual, passando por jogos que motivem a classe na tarefa árida de localizar as informações desejadas ou solicitadas e explicitar os seus indícios característicos.

Recomendamos, por fim, aos professores, que procedam com o maior rigor na exatidão dos dados levantados, quanto à correção dos **indícios** e quanto à **justificação** dessas indicações.

6. DESCOBRINDO O JORNAL (1): FOCALIZAR NOTÍCIAS E INFORMAÇÕES

Conhecimentos prévios
Ter tido algum contato com jornais e revistas.

Objetivos
- Levar os alunos a se conscientizarem da variedade de informações de jornais e revistas.
- Dar início à localização de informações escritas.

Nível dos alunos
Da 1ª à 6ª séries.

Tempo
Não mais do que 1 aula por sessão de atividade.

Material
Um jornal por equipe. Tesoura, cola, papel e canetas hidrográficas para painéis.

Desenvolvimento
(1) O professor explica (e faz uma pequena demonstração ilustrativa) que o jornal apresenta informações dos mais variados gêneros. Escreve no QN algumas rubricas fáceis de serem encontradas, como: programação de TV; esportes; etc.
(2) As equipes recortam um exemplo de informação de cada título, colam no painel com o nome embaixo. É importante a organização visual desse painel.

Observações
(1) O professor pode fazer este trabalho em CB e 3ª série com HQ, solicitando que sejam localizadas **personagens**, colando-se o nome delas embaixo, recortado da revista ou escrevendo-o.
(2) A atividade pode ser repetida em outras ocasiões, aumentando-se as dificuldades, como solicitar informações menos evidentes. Por exemplo, pedir que se recorte a personagem fazendo uma determinada ação e escrever embaixo do que se trata. Estabelecer uma boa progressão de dificuldades.

7. DESCOBRINDO O JORNAL (2): NOTÍCIAS E PUBLICIDADE

Conhecimentos prévios
Ter tido algum contato com jornais.

Objetivos
- Levar os alunos a aprofundarem, aos poucos, seus contatos com jornais e revistas.
- Iniciar os alunos num trabalho de levantamento e classificação de dados.
- Distinguir **notícia** de **informes utilitários** (ou **serviços**) e **publicidade** de **classificados**.

Nível dos alunos
Da 3ª à 6ª séries.

Tempo
Várias sessões de 1 a 2 aulas.

Material
Jornais e revistas, segundo a idade e interesse dos alunos. Tesoura, cola, papel e canetas hidrográficas para fazer painéis.

Desenvolvimento

PRIMEIRA FASE: A ficha do jornal

(1) Cada equipe deve ter dois exemplares de um mesmo número do jornal. As equipes devem ter títulos diferentes.

(2) Os alunos localizam e anotam o nome do jornal, a periodicidade, local de publicação, data, preço, formato e o nome do diretor de redação. Recomenda-se que o professor organize esses dados sob a forma de um quadro simples.

SEGUNDA FASE: Separar notícias de publicidade

Inicialmente, as equipes devem separar as notícias (e informações) da publicidade, recortando-as, razão pela qual é preciso ter dois números iguais de cada título.

TERCEIRA FASE: Classificação dos recortes

(1) Os alunos das 3ª e 4ª séries trabalham somente com a publicidade e os classificados, que apresentam dificuldade menor. Com a ajuda do professor, classificam os recortes por temas ou áreas (alimentação, eletrodomésticos, veículos, brinquedos, empregos, imóveis etc.). Estas rubricas são preliminarmente escritas no QN e copiadas nos cadernos. O professor poderá separar assuntos informativos que tenham interessado os alunos para uma leitura e trabalho futuros.

(2) Os alunos da 5ª e 6ª séries trabalham com a classificação das notícias, dos informes utilitários e da publicidade. Num segundo momento, poderão separar as informações das notícias em geral e fazer como no item 1.

(3) Em ambos os casos procede-se à colagem dos recortes dos painéis. O nome do periódico e sua data deve ser escrito no alto do painel, em letras grandes. Os recortes são colocados em boxes, com o seu tema escrito acima dos exemplos. Dois exemplos para cada caso são suficientes.

(4) Os painéis assim obtidos serão apresentados à classe.

Observações

Num outro dia, o professor poderá trabalhar com as fotos e sua legenda, recortando-as e classificando-as por assunto. Cada equipe escolherá uma foto para apresentar à classe e ler sua legenda, comentando o assunto.

Ao professor

Notícia e informes utilitários – A **notícia**, segundo N. Lage, "é o relato de uma série de fatos a partir do fato mais importante". São os acontecimentos do dia ou da semana que, por sua natureza, tenham algum interesse jornalístico.

Informes utilitários ou **serviços** são também notícias, mas sem o impacto dos acontecimentos maiores. São informações como comunicar dados breves e pontuais sobre economia, meteorologia, resultados de sorteios, programas de TV, banco de dados etc.

A **publicidade** é diferente dos **classificados**. Tem como finalidade influenciar o leitor para comprar produtos oferecidos por lojas, fabricantes ou empresas, que se apresentam através de uma **marca**.

Os **classificados** são pequenos anúncios. Ver **Glossário**.

8. DESCOBRINDO O JORNAL (3): CONTEÚDOS DE PERIÓDICOS

Conhecimentos prévios
Ter folheado o jornal para conhecê-lo.

Objetivos
- Aprofundar as atividades de um primeiro contato com o jornal e a revista.
- Iniciar a observação de conteúdos dos periódicos, através de alguns parâmetros estabelecidos pelo professor.
- Iniciar um trabalho de classificação, organização e hierarquização de dados levantados.

Nível dos alunos
Todos os níveis, respeitando-se as limitações e interesses da classe. Com os pequenos, trabalhar com gibis.

Tempo
Variável, conforme o nível de escolaridade do aluno e os limites de aprofundamento do trabalho.

Material
Periódicos já conhecidos pela equipe, sem a necessidade de terem todos os jornais a mesma data.

Desenvolvimento
(1) Redistribuir os periódicos para as mesmas equipes com que se vinha trabalhando nesta iniciação.
(2) Selecionar alguns temas para observação (ver o item **Ao professor**) e solicitar aos grupos que examinem seus periódicos, levantando os temas encontrados. Pode-se, por exemplo, copiar as manchetes ou títulos.
(3) Cada grupo anota suas observações. Um tempo deve ser fixado para essa parte. Quando se tratar de crianças que ainda não sabem escrever, o professor faz seu papel de escrevente.
(4) Para orientar a classe na análise e na apresentação das conclusões, propor que respondam às seguintes questões:

a) Que tipo de periódico analisamos?
b) Quem o produziu? (neste ponto deve-se alertar a classe para os dois tipos de profissionais que o produziram: o dono do periódico ou sua direção e os que **produziram as matérias**, ou seja, patrões e/ou chefes e empregados. Eventualmente, elementos da direção ou mesmo o proprietário podem também produzir matérias. Mas, geralmente, quando se trata de um grande periódico, o proprietário é um grupo econômico.
c) Para que leitores é destinado?
d) Qual a finalidade do periódico?
e) Que tipo de textos/imagens apresentam?

(5) Para os maiores, depois do trabalho de ordenação de dados, classificação e hierarquização, cada grupo expõe oralmente os resultados. Para os menores, quando o professor anotou as indicações deles, o mestre ajudará as crianças a ordenar os dados e os agrupamentos finais.

Ao professor

Propor alguns temas de observação, tais como:

O que predomina no periódico: textos escritos, fotos? publicidade? outros?

Nos jornais, os temas dominantes são políticos? esportivos? fofocas? notícias policiais? etc. Estabelecer uma hierarquia.

Nas revistas especializadas levantar os temas dominantes. Se for uma revista para mulheres, o que se encontra mais: moda? culinária? conselhos de beleza? fofocas?

O mesmo se poderá fazer com revistas para homens, para jovens, para crianças, com revistas especializadas etc.

Quando se trata de HQ, pode-se primeiro fazer uma classificação geral: para adultos? para crianças? Depois observar que tipo de histórias são contadas: aventuras? ficção científica? vida cotidiana de crianças? Em seguida, destacar as personagens habituais: principais (geralmente que dão nome à revista); secundárias: turmas e seus componentes etc.

9. A FICHA DE JORNAIS E REVISTAS

Conhecimentos prévios
Ter tido contatos com jornais.

Objetivos
- Levantar dados gerais sobre jornais e revistas.
- Aprender a organizar a ficha de um periódico.
- Deduzir tendências, público leitor etc., através dos títulos, temas, preço etc.

Nível dos alunos
Desde a 3ª série, adequando-se o jornal ou revista à idade e interesse da classe.

Tempo
2 aulas.

Material
Um ou dois jornais e revistas para cada equipe, reunindo títulos variados. Ficha policopiada para a classe e num cartaz.

Desenvolvimento
(1) Distribuir pelo menos um número de jornal (pode ser apenas o primeiro caderno) ou revista recente para cada equipe.
(2) O professor solicita que a classe indique oralmente, tendo em mãos os periódicos, os dados essenciais para se fazer uma ficha completa de identificação dessas publicações. Para começar, indicar como primeiro dado – e o mais importante – o título do periódico. Isto é fundamental para iniciar o trabalho, sobretudo com os alunos menores.
(3) Esses elementos são escritos no QN e nos cadernos.
(4) Depois que a classe já tem uma boa ideia dos elementos que entram na ficha do periódico, através de um trabalho coletivo e pragmático de levantamento de hipóteses, entra-se na fase da ordenação de dados. O professor então distribui para cada aluno o modelo de ficha (ver o Anexo) previamente policopiada. Este modelo deve ser adaptado para cada nível de classe.

Para os menores, selecionar apenas dados essenciais, simplificando a ficha.

(5) As equipes pesquisam os dados da ficha no periódico e confrontam com os que levantaram, aproveitando-os, ajudados pelo professor.

(6) Conforme o jornal ou revista, organizar um outro quadro em que constem dados mais detalhados, como profissionais que participaram da edição, nomes de repórteres, de autores de artigos, de fotógrafos etc.

(7) Os grupos trocam jornais e fichas para uma correção entre eles, com a supervisão do professor.

(8) O exercício pode ser repetido em outros dias, com periódicos diferentes, para fixação da aprendizagem.

Prolongamentos

Para as classes mais adiantadas, proceder a uma avaliação do periódico, a partir dos dados coletados, particularmente quanto ao tipo de leitores: homens ou mulheres, jovens, crianças, adultos; profissionais (quanto ao periódico especializado); idade dos leitores interessados; situação social dos leitores, deduzida através do preço, do assunto, da qualidade da edição, dos produtos que anuncia; região em que circula etc.

ANEXO
A ficha do jornal ou da revista

FICHA GERAL

Nome do jornal ou revista:	
Diretor de publicação	PREENCHER
Redator-Chefe	
Tipografia	
Formato	PREENCHER
Papel	
Paginação total ou média	PREENCHER
Preço em (data do periódico)	

FICHA COMPLEMENTAR

Data da fundação	
Editor	
Grupo de imprensa, editora ou proprietários	*PREENCHER*
Número total de pessoal	
Número de jornalistas	
Número de correspondentes	
Tipo de impressão	
Tiragem média	*PREENCHER*
Número de edições	
Zona de difusão	
Paginação média	
Porcentagem de publicidade	*PREENCHER*
Porcentagem de textos	
Porcentagem de ilustrações	

Observação: Os itens do quadro são indicativos. O professor poderá tirar ou incluir os que achar conveniente.

10. AS FONTES DA INFORMAÇÃO

Conhecimentos prévios
Ter informações sobre o que é jornal e notícia.

Objetivos
- Identificar nos periódicos (jornais e revistas) a origem das notícias ou informações.
- Conhecer "quem fala" nos jornais e revistas.
- Conhecer as agências nacionais e internacionais de informação.

Nível dos alunos
> A partir da 7ª série.

Tempo
> No máximo 2 aulas.

Material
> Jornais completos e revistas recentes.

Desenvolvimento
(1) Cada grupo examina um jornal ou revista.
(2) Os alunos examinam artigos, reportagens e notícias, página por página, anotando os nomes das agências de onde provêm as notícias e dos jornalistas que assinam as matérias, além de suas procedências (por exemplo: cidades e países onde são correspondentes).
(3) Cada grupo preenche os quadros em anexo, respondendo às perguntas:
   a) De onde vêm as notícias, segundo as agências?
   b) Quem fala na notícia? (governo, instituições, organismos, empresas, políticos, redatores, especialistas convidados etc.)
   c) Quem transmite as notícias? (agências, informantes...)
   d) Qual é a posição do informante? (representante do jornal no país, enviado especial, repórter cobrindo a matéria, testemunha, atuante etc.)
   e) Quem escreve? (quando não for o correspondente que assina a matéria, por exemplo)

Ao professor

Algumas agências internacionais às quais estão abonados os grandes jornais:

France-Presse: Francesa. Fundada por Charles Havas em 1832, transformou-se na AFP em 1957. Tem 2000 colaboradores em 166 países, 48 escritórios e correspondentes na África, 31 na Ásia, 40 na América, 30 na Europa e 17 no Oriente Médio.
Associated Press: Americana. É uma cooperativa de jornais americanos, com 2500 jornalistas, 1300 jornais, 2000 canais de TV e rádios.
Reuter: Inglesa. Fundada em 1851. Ela oferece dois serviços: um de telegramas e outro especializado em economia.
Tass: Soviética e oficial. Conta com 2000 colaboradores e 100 escritórios no estrangeiro.
United Press International: UPI, americana, fundada em 1907.
Ansa: Italiana. Fundada em 1945. Tem 93 escritórios nos cinco continentes e mais de mil funcionários.
EFE: Agência espanhola.
ABN: Agência Brasileira de Notícias.
Fontes: Agnès/Savino. "Apprendre avec la presse". Paris, Retz, 1988. Revista *Imprensa,* São Paulo.

ANEXOS
Quadros: Quem fala no jornal?

1. Agências internacionais.

Jorna/data	agência	país/cidade	assunto	pág.*
OESP 21-6-95	*France Press*	*França*	*Foto de militar chileno*	*PP*
JSP 21-6-95	*Associated Press*	*USA*	*Foto de militar chileno*	*2-1*
etc.				

* A explicação detalhada sobre a localização de cadernos e suas páginas está na Atividade 13. Dar aos alunos, provisoriamente, informação objetiva e breve para o preenchimento desse quadro.

2. Correspondentes internacionais.

jornal pesquisado: JSP			data: 21-6-95	
nome do jornalista	país	cidade	assunto	pág.**
Rogério Simões (EE)*	Croácia	Zagreb	Política internacional	2-10
Flávio Castelloti	México	Cidade do México	Política internacional	2-11
etc.				

NOTA: *(EE) "enviado especial" do jornal, para cobrir a matéria em questão.

Este trabalho pode ser complementado com um mapa situando as cidades em seus países e continentes.

3. Jornalistas de um determinado jornal e suas especialidades.

jornal pesquisado: OESP		data: 21-6-95	
nome do jornalista	especialidade	caderno	pág.**
Luís Carlos Merten	Cinema	Caderno 2	D3
Joelmir Beting	Economia	Economia e Negócios	B2
etc.			

4. Jornalistas das sucursais de jornal de grande circulação.

jornal pesquisado: JSP		data: 22-6-95	
nome do jornalista	cidade	assunto	pág.**
Marta Salomon	Brasília	Hidrelétricas	1-6
Mário Magalhães	Rio	Esportes	4-3
etc.			

** A explicação detalhada sobre a localização de cadernos e suas páginas está na Atividade 13. Dar aos alunos, provisoriamente, informação objetiva e breve para o preenchimento desse quadro.

Complementar com mapa situando cidades e estados.
5. Notícias transmitidas por sucursais (S) ou agência (A) do jornal, sem o nome do jornalista.

jornal pesquisado: _7SP_   **data:** _22-6-95_

cidade	estado	assunto	pág.*
Maceió (A)	_Alagoas_	_PC "a serviço da justiça"_	_1-9_
Brasília (S)	_DF_	_Ágio na venda do gás_	_2-1_
Rio (S)	_Rio de Janeiro_	_Filme "Gasparzinho"_	_5-7_
etc.			

Complementar com mapa localizando cidades e estados.

6. De onde vem a notícia?

jornal pesquisado: _7SP_   **data:** _22-6-95_

cidade	país	assunto	pág.*
Londres	_Inglaterra_	_O "buraco negro" da atmosfera_	_A15_
Tóquio	_Japão_	_Sequestro de avião_	_A12-13_
Rio	_Brasil_	_Evasão de vendas no futebol_	_E3_
etc.			

* A explicação detalhada sobre a localização de cadernos e suas páginas está na Atividade 13. Dar aos alunos, provisoriamente, informação objetiva e breve para o preenchimento desse quadro.

Complementar com a localização das cidades e países.

11. O CIRCUITO DA INFORMAÇÃO

Conhecimentos prévios
Ter uma ideia sobre as fontes da informação.

Objetivos
- Mostrar o percurso de um fato, entre sua ocorrência e a forma final que aparece no periódico.
- Mostrar a complexidade de meios e mediadores existente entre o fato e a notícia final.
- Alertar o aluno para a questão básica sobre **Fato** e **Versão**.

Nível dos alunos
O quadro, tal como apresentamos no item **Ao professor**, pode ser compreendido da 7ª série em diante. Entretanto, cada professor poderá adaptá-lo e usá-lo desde a 5ª série.

Tempo
Variável, conforme o aprofundamento do assunto.

Material
Policopiar o quadro do item **Ao professor** para cada aluno; elaborar um quadro, em formato de painel, para afixar no QN. Jornais completos da semana ou do mês.

Desenvolvimento

PRIMEIRO DIA (2 aulas)

(1) O professor conversa com a classe sobre o percurso de um fato, desde sua ocorrência até chegar à notícia do jornal. Os alunos levantam hipóteses sobre esse circuito. As séries do circuito imaginado são escritas no QN.

(2) Formam-se grupos para discutir o assunto, procurando completar o circuito.

(3) Cada grupo expõe oralmente suas conclusões, que serão comentadas pela classe.

(4) O professor apresenta o painel com o circuito e distribui o material policopiado.

(5) Os grupos confrontam suas séries com o quadro do painel.

(6) Discutem o painel, comentando quem são os mediadores e quais os dispositivos utilizados para a transmissão da notícia.

SEGUNDO DIA (2 aulas)

(1) A partir de uma notícia, proposta pelo professor ou escolhida pela classe, procuram entender o que é o **fato** e qual é a **versão** final do jornal. O objetivo é descobrir os principais mediadores entre o fato e a notícia do jornal.

(2) Esta é uma abordagem inicial entre **fato** e **versão**. A fim de que ela fique clara, precisa-se ter um outro jornal do mesmo dia para comparar as duas versões. Basta constatar que há diferenças entre os jornais e, no máximo, apontar os elementos escolhidos por um deles e que o outro omitiu.

(3) Neste ponto os alunos já estão preparados para conceituar: **fato, matéria, mediadores, dispositivos**.

TERCEIRO DIA: Exercícios (1 aula)

Para fixar estas noções fazer alguns exercícios de aplicação. Eles devem se reportar às notícias que estejam despertando interesse no momento, localizá-las no jornal e procurar levantar com a classe:

a) Quem são os envolvidos.

b) O repórter que cobriu o fato.

c) Em que seção do jornal foi relatada. Saiu na PP?

d) Como o jornal relatou a notícia?

e) Ver a mesma notícia num outro jornal e comparar para ver que fatos foram relatados ou omitidos em cada jornal; que destaque deram a certos elementos da notícia etc.

Ao professor

A Matéria			
Os fatos	narrativas	tratamento	artigo etc.
Os Mediadores			
envolvidos	correspondentes	redatores	leitores
testemunhas	informadores		ouvintes
			telespectadores
Os Dispositivos			
transmissão	agências	fabricação	pontos de venda
	redações	edição	aparelhos de TV
		difusão	de rádio etc.

(1) Deixar bem claro para a classe a diferença entre **narrativas do fato** e **tratamento do fato**. As narrativas são os relatos feitos pelos envolvidos e testemunhas, onde se incluem os repórteres que cobriram o acontecimento. (Ver N. Lage, *Estrutura da notícia*, cap. 2: "Gramática da notícia".)

(2) O **tratamento do fato** é o trabalho feito nas redações e consiste em **selecionar alguns elementos do fato**, considerados relevantes, e a linguagem com que será transmitido. Aqui entram todos os elementos específicos da **linguagem jornalística** e que dão origem aos gêneros, como lide, artigos, editoriais etc. e ao **tom da notícia**: sensacionalista, referencial, emocional etc.

(3) **Mediadores**: as narrativas dos envolvidos e das testemunhas são transmitidas aos jornais pelos repórteres que cobriram o fato, pelos correspondentes oficiais nos países estrangeiros ou em cidades do mesmo país, pelas agências nacionais ou estrangeiras.

(4) **Informadores** são pessoas que não pertencem ao jornal e que passam informações aos jornalistas. Atentem para estas palavras de Jânio de Freitas: "Fala-se muito, nestes tempos adoecidos de marketing, em repórter investigativo, passando a imagem de uma categoria muito especial de jornalistas-sherlocks capazes de descobertas formidáveis. Pura fanfarronice promocional: há sempre quem deu a pista, quem forneceu a informação, quem proporcionou o documento ou o acesso a ele. Essas pessoas são a peça fundamental no jornalismo." (FSP, 31-1-95, 1-5).

(5) Os **dispositivos de transmissão** podem ser: telefone, teletipo, telefoto, telex, fax, satélites de comunicação e computadores em geral.

• **ANÁLISE RÁPIDA DE UM FATO:** *Choque entre sem-terra e PM em Corumbiara, Rondônia, no dia 9-8-95.*

A FSP coloca a notícia em segundo lugar na PP. Manchete em duas linhas, ocupando duas colunas na parte de cima do jornal: **Confronto em RO mata pelo menos 17.** Embora segunda notícia da página, está destacada por um mapa localizando a cidade e as versões do **governo** e dos **sem-terra.** O lide resume os fatos de forma objetiva, mas só estampam informações gerais sobre o conflito e as fornecidas pelo governo. Na página 1-13 o jornalista Luís Curro da Agência *Folha,* ali enviado para cobrir os fatos (é portanto um mediador), ouviu os envolvidos, selecionando declarações dos sem-terra, do Secretário de Segurança e outros interessados, como o presidente da Fetagro (Federação dos trabalhadores na Agricultura de Rondônia) e dá outras informações. Tudo passa primeiro pelo crivo do **jornalista** e depois dos **redatores** do jornal. O **tratamento** dado ao relato foi impessoal, buscando-se informações com diferentes pessoas, além de dados sobre a região e o conflito latente.

Confronto em RO mata pelo menos 17

Confronto armado entre sem-terra e policiais militares deixou pelo menos 17 mortos na fazenda Helina, em Corumbiara (RO). A Secretaria da Segurança Pública de Rondônia disse que a polícia tinha ordem da Justiça para a reintegração de posse da fazenda, ocupada por 500 famílias desde julho.

A área é disputada há cerca de quatro anos, segundo o Movimento Nacional dos Trabalhadores Sem-Terra.
Segundo o governo de Rondônia, a polícia já havia tentado retomar a fazenda no dia 19 de julho, de posse de ordem judicial, mas foi recebida com pedradas e rojões. PAG. 1-13

Avultando-se as consequências desse confronto, a FSP aumentou o espaço para esses fatos na PP e nas PIs da edição de 10-8-95. Apesar de pequena chamada verbal na PP, a notícia toma grandes proporções com a foto de um sem-terra morto, durante o velório. Na PI, outros **mediadores do jornal** trouxeram novas informações em reportagem de José Maschio, enviado especial a Corumbiara, com a colaboração de Curro. A **Sucursal de Brasília** entrevistou o Governador de Rondônia (com a transcrição da entrevista após seu **tratamento jornalístico**). E a Agência *Folha* em Colorado do Oeste recolheu **narrativas de testemunhas** (moradores próximos do local do conflito), que também passaram por tratamento jornalístico (seleção de trechos de fala, linguagem reescrita dessas falas). Finalmente, a FSP colocou em um box a coluna de Nelson Sá, "NO AR" (1-10), com o noticiário de TV sobre os fatos e o título "Tragédia Amazônica". Há duas fotos na página 1-13: uma de corpos de sem-terra assassinados, colocados em caixões (na reportagem), e a foto do governador de Rondônia na entrevista.

Um trabalho como este dará aos alunos uma visão concreta de como os fatos foram transformados em notícia, quem foram os envolvidos, as testemunhas, os mediadores.

12. PERIODICIDADE DOS CADERNOS

Conhecimentos prévios
Ter feito algumas atividades de contato com jornais, como folhear.

Objetivos
- Levar os alunos a conhecerem os diferentes cadernos que compõem um jornal e os dias da semana em que são editados.
- Conceituar de forma genérica o que é um caderno.

Nível dos alunos
A partir da 5ª série.

Tempo
2 aulas.

Material
Um exemplar de cada dia da semana de um mesmo jornal para cada grupo. Cartolina e canetas hidrográficas para painéis. Quadro do Anexo policopiado.

Desenvolvimento

PRIMEIRO DIA

(1) Cada grupo recebe um exemplar de cada dia da semana de um mesmo jornal.

(2) A classe observa que o jornal está dividido em **cadernos** e levanta hipótese sobre a utilidade dos cadernos. Concluem que cada caderno trata de um ou vários temas afins. Para as classes menores, o professor pode começar perguntando: Para que serve um caderno escolar? E um caderno de jornal?

(3) Os alunos usam um dos quadros policopiados e escrevem, nos espaços da coluna do dia da semana, o nome de cada caderno precedido de sua letra ou número. No final, terão no quadro uma representação visual da sequência dos cadernos durante a semana.

(4) Observam os cadernos que saem todos os dias e aqueles que só saem em determinados dias da semana.

(5) Tomam um novo quadro em branco e escrevem nos espaços de cima o nome dos cadernos que saem todos os dias da semana e, nos espaços de baixo, os outros.

(6) Os alunos conceituam **caderno**. Neste momento, a conceituação não deve ir além da constatação de que cadernos são partes do jornal que tratam de um tema específico, como: Brasil, esportes etc.

(7) Posteriormente, os alunos reproduzem em casa o quadro policopiado em forma de painel.

SEGUNDO DIA

(1) Procede-se como no primeiro dia, mas com outro jornal.

(2) Com os painéis prontos, comparam-se os quadros para concluir, depois que a classe levantou hipóteses relativas a:

a) Quais os cadernos que saem todos os dias nos dois jornais?

b) Os dois jornais têm os mesmo cadernos? São publicados no mesmo dia da semana ou em dias diferentes? Há diferenças?

c) Por que os cadernos semanais de mesmo tema saem em dias da semana diferentes em jornais diferentes?

Observações

Se o professor está trabalhando com classes mais adiantadas o trabalho de dois dias pode ser feito numa só sessão com mais de um jornal.

ANEXO
**Quadro para visualizar os dias da semana
em que saem os cadernos**

Nome do jornal: *OESP* semana: *19 a 25-6-95*

segunda	terça	quarta	quinta
		A – Prim. Cad.	*A – Prim. Cad.*
		B – Economia	*B – Ecoomia*
PREENCHER		*C – Cidades*	*C – Cidades*
		D – Cad. 2	*D – Cad. 2*
		E – Esportes	*E – Esportes*
		G - Viagem	*G - Agrícola*
			*SE**

PREENCHER / COMPLETAR

NOTA: *Na 4ª feira o OESP traz um Suplemento Especial – "Marinha Mercante", editorialmente independente do jornal.

13. CONHECENDO OS CADERNOS DO JORNAL

Conhecimentos prévios
Conhecer a periodicidade dos cadernos.

Objetivos
- Aprofundar o conhecimento dos jornais através do estudo dos cadernos e seções.
- Conhecer os **indícios** que marcam os cadernos.
- Conhecer os **signos** que marcam os cadernos.
- Aprofundar a conceituação de caderno.
- Distinguir **caderno** de **seção**.

Nível dos alunos
A partir da 3ª série.

Tempo
Variável, conforme a idade dos alunos e sua capacidade intelectual. Trata-se de um trabalho árido, que deve ser criteriosamente dosado e executado lentamente, em várias sessões.

Material
Jornais nacionais ou regionais completos. Para alunos da 3ª e 4ª séries, selecionar suplementos infantis e periódicos para crianças. Para a 5ª série, selecionar jornais pouco complexos. Material para confecção de painéis. Quadro policopiado.

Desenvolvimento
(1) Trabalhar com o exemplar de um dia da semana para cada equipe.
(2) Não é necessário que todos trabalhem com os mesmos títulos. Neste caso, no final, agregar coletivamente os resultados para detectar os pontos comuns a todos e as diferenças específicas.
(3) Nas séries iniciais, o professor deve conduzir a classe através de perguntas, adequando o aprofundamento ao nível dos alunos.

PRIMEIRO DIA

(1) A classe recorda a atividade anterior, definindo um caderno de jornal.

(2) As equipes anotam os nomes dos cadernos do jornal que examinam e fazem uma lista dos temas de que eles tratam. Neste momento descobrem que os cadernos podem estar divididos em **seções**.

(3) Com o material levantado preenchem este quadro:

nome do jornal	nome do caderno	assunto	letra ou número
OESP	Caderno 2	cultura, espetáculos, lazer	D
OESP	Cidades	acontecimentos do cotidiano	C
FSP	Dinheiro	economia	2
etc.			

(4) Pesquisam os indícios mais importantes para se reconhecer o caderno, começando pelo primeiro. A rigor, as diferenças maiores são três:

a) o cabeçalho da PP tem o nome do jornal e mais informações do que a PP dos cadernos. O cabeçalho dos cadernos, geralmente, indica o seu tema;

b) a PP do jornal tem maior variedade de assuntos e o caderno trata de assuntos determinados (esportes, economia...); os cadernos costumam ter mais textos escritos do que fotos, ao contrário da PP do jornal.

Se a classe não resolver essas questões sozinha o professor orientará através de perguntas como: qual o caderno que tem mais fotos? mais texto escrito? mais publicidade?

(5) Cada jornal tem uma forma de indicar seus cadernos por **signos**. Os grupos procuram esses indícios, primeiro na PP do caderno e depois nas páginas interiores e passam um círculo em torno.

NOTA: A FSP vem formulando sua apresentação gráfica desde março de 1996 e não tinha terminado ainda no momento da composição deste livro. Quanto aos **cadernos**, destacamos o uso de uma cor específica para cada um, o que facilita sua localização. Por exemplo, verde para **Dinheiro**, vermelho para a **Ilustrada**. Essa cor é usada tanto no cabeçalho como em outros elementos das páginas.

Na PP dos cadernos as indicações ficaram assim:

Nas páginas interiores o **fio-data** tem os seguintes elementos:

4 ■ 6 esporte domingo, 24 de março de 1996   FOLHA DE S.PAULO

Por exemplo: 4-6, é a página 4 do caderno 6 – esportes – da FSP de 24-3-1996, domingo.
O OESP marca a PP dos cadernos no alto à direita com uma letra maiúscula (referente ao caderno) e o número da página do caderno. No **fio-data** estampa os seguintes elementos:

E2 - O ESTADO DE S. PAULO   ESPORTES   DOMINGO, 24 DE MARÇO DE 1996

Por exemplo: E2 é a página 2 do caderno Esportes, do dia 24-3-1996, domingo.
É importante que o professor leve a classe a descobrir sozinha esses indícios que marcam cada caderno de jornal. Sua intervenção direta só deve acontecer se a classe não conseguir encontrar esses indicadores.

(6) Os grupos (ou coletivamente) conceituam **Caderno de Jornal**, que deverá figurar no seu glossário individual. Para ajudar, o professor pode propor que analisem a diferença entre um caderno escolar e um caderno de jornal (para que servem?).

SEGUNDO DIA

(1) Cada grupo elabora em casa um painel com os resultados do quadro feito durante a aula.
(2) As equipes apresentam os painéis à classe, indicando primeiro o nome do jornal e sua data. Os que pesquisaram o mesmo jornal

(de preferência de dias diferentes da semana) comentam os resultados e os cotejam com os seus.

(3) Se o trabalho foi com jornais diferentes, pode-se levantar, oralmente, semelhanças e diferenças.

(4) Escolhe-se finalmente o jornal de um grupo para fazer uma redação coletiva apresentando aquele número do jornal. Tratando-se de um número específico de um dia da semana, o título do texto pode ser: **O jornal X da (dia da semana) de (data)**. Neste caso, a redação é curta e essencialmente referencial. Apenas a apresentação de títulos de cadernos, com uma pequena indicação sobre o que tratam.

◈ **Exercício**

Jogo

Cada grupo está com um jornal inteiro e deve preparar um trabalho para o grupo rival, por exemplo, assim organizado:

Supondo que tenham a FSP, de 21-6-95, quarta-feira, fazem o quadro abaixo, indicando as **seções** e o grupo rival deve localizá-las e indicar seus nomes e as páginas em que se encontram, nos quadros respectivos:

jornal pesquisado: *FSP*		data: *21-6-95*
perguntas	**nome do caderno**	**pág.**
1 – Videolançamentos	*Ilustrada*	*5-4*
2 – Indicadores econômicos	*Dinheiro*	*2-4*
3 – Mortes	*Cotidiano*	*3-3*
4 – Infoshop	*Informática*	*6-11 a 34*
5 - Opinião	*Primeiro Caderno*	*1-2 e 3*

⬭ Grupo 1 ⬭ Grupo 2

As regras do jogo devem ser fixadas pela classe e escritas, pois esta é uma boa ocasião para se fazer uma redação. Pode-se fixar, por exemplo: o número de perguntas, tempo máximo tanto para elaborar as questões como para o outro grupo resolver e o primeiro conferir. Quem será o grupo vencedor: o que elabora? o que responde?

Essas regras do jogo podem também servir para a classe assimilar uma boa apresentação de trabalho, enquadrando-as num box.

14. CONHECENDO AS SEÇÕES DOS CADERNOS

Conhecimentos prévios
Saber bem o que é caderno de jornal.

Objetivos
- Aprofundar o conhecimento das partes do jornal.
- Conhecer as seções de cada caderno.
- Conceituar **seção, coluna** e **rubrica/chapéu**.

Nível dos alunos
> A partir da 5ª série.

Tempo
> Variável, conforme o aprofundamento do trabalho e da série.

Material
> Usar os cadernos já conhecidos de atividade anterior. Policopiar os quadros.

Desenvolvimento
(1) Os alunos trabalham com o mesmo jornal em que estudaram os cadernos, para conhecer as **Seções** de cada caderno.
(2) Folheiam os cadernos para examinar as matérias que contêm. Observam que cada seção é indicada por um **chapéu** ou **rubrica**. Uma seção pode ser também a **coluna** de um jornalista que escreve sobre um determinado assunto e que encontramos sempre no mesmo lugar do jornal ou revista.
(3) Os alunos seguem o mesmo roteiro de trabalho usado na análise e classificação dos cadernos.
(4) Estabelecem oralmente as diferenças entre **caderno** e **seção**.
(5) Conceituam **seção, coluna** e **rubrica/chapéu**.
(6) Conduzir a classe a concluir que **caderno**, como termo jornalístico, reúne temas de um assunto determinado e é maior do que uma seção, podendo cada caderno conter várias seções.

Prolongamentos

Este trabalho pode ser feito com revistas, onde não existem cadernos, mas apenas seções, colunas etc.

◈ Exercícios

1º) Com o exemplar completo de um jornal, e a partir do quadro abaixo, localizar o caderno e a página em que se encontram os **chapéus** (ver **Glossário**), listados na coluna da direita. Exemplo: OESP, 21-6-95.

jornal pesquisado: *OESP*		data: *21-6-95*
perguntas	**nome do caderno**	**pág.**
1 – Rumos do real	*Economia*	*B8*
2 – Surfe	*Esportes*	*E3*
3 – Américas	*Primeiro Caderno*	*A9*
4 – Visuais	*Caderno 2*	*D10*
etc.		

2º) O mesmo procedimento, localizando artigos assinados. Exemplo: FSP, de 21-6-95:

jornal pesquisado: *FSP*		data: *21-6-95*
autor da coluna	**título ou rubrica**	**pág.**
Cláudia Trevisan	*Governo de S. Paulo*	*1-9*
Mônica R. Costa	*Literatura Infantil / Lançamento*	*5-7*
Paulo Peixoto	*Movimento procura desaparecidos*	*3-2*
etc.		

3°) O mesmo procedimento, localizando-se o autor da coluna, seu tema e o caderno e a página em que se encontra.

jornal ou revista pesquisado: *JSP*			
coluna	**tema**	**pág.**	**data**
Luis Nassif	*Economia*	*2-3*	*21-6-95*
Jânio de Freitas	*Política*	*1-5*	*20-6-95*
José Simão	*Humor*	*5-6*	*21-6-95*
Clóvis Rossi	*Política*	*1-2*	*10-10-95*
Juca Kfouri	*Esportes*	*4-3*	*10-10-95*

NOTA: Estes exercícios podem ser feitos na forma de jogo, como o estampado na Atividade 13.

4°) Trabalhar com dois ou mais jornais ou revistas diferentes, para saber em que caderno ou seção de cada jornal se encontra o assunto desejado.

Dividir a classe em grupos e dar a cada grupo dois exemplares de jornais ou revistas. Listar com a classe, no QN, alguns temas tratados nos periódicos. Indicar no quadro abaixo em que caderno de cada jornal ou seção de cada revista está o tema.

periódico 1: *OESP* periódico 2: *JSP*			data: *21-6-95* data: *21-6-95*		
assunto	**caderno P1** *OESP*	**pág.**	**caderno P2** *JSP*	**pág.**
Programas de TV	*Caderno 2*	*D1*	*Ilustrada*	*5-6*
Editoriais	*Primeiro Caderno*	*A3*	*Brasil*	*1-2*
Trânsito	*Cidades*	*C3*	*Cotidiano*	*B-4*
etc.				

15. MONTANDO E DESMONTANDO CADERNOS (Jogo)

Conhecimentos prévios
*Conhecer a divisão dos jornais em cadernos
e os **indícios** marcantes de cada um.*

Objetivos
- Desenvolver a capacidade de manipulação dos cadernos dos jornais, através de sua montagem correta.
- Desenvolver a competência em decodificar os **signos** (indícios em geral) indicativos de cada caderno.

Nível dos alunos
A partir da 4ª série.

Tempo
1 aula.

Material
Um jornal completo para cada grupo de alunos.

Desenvolvimento
(1) O professor explica as regras do jogo.
(2) Cada grupo de aluno recebe um jornal completo e escreve o nome dos participantes no alto da PP do jornal.
(3) Cada grupo desmancha o seu jornal, misturando as páginas.
(4) Cada grupo escolhe um grupo rival para montar os jornais misturados, caderno por caderno, o mais rápido possível.
(5) Quando o grupo termina a remontagem do jornal, entrega-o ao professor, que os numera por ordem de entrega.
(6) Terminada a remontagem, os jornais são devolvidos ao grupo que os misturou, para conferir, o que deve também ser feito o mais depressa possível.
(7) Terminada a conferência, o jornal é entregue ao professor que novamente marca-o com o número de ordem de término.
(8) Ganham dois grupos, em categorias diferentes:
   a) o grupo que remontou o jornal mais depressa;
   b) o grupo que conferiu a remontagem mais depressa.
(9) Para evitar possíveis fraudes, cada grupo pode indicar um fiscal do grupo rival que confere a remontagem.

16. SÍNTESE ESCRITA DO CONTEÚDO DOS CADERNOS

Conhecimentos prévios
Estar familiarizado com os cadernos do jornal.

Objetivos
- Aprender a redigir sínteses a partir do exame de conteúdos de cadernos de jornais.

Nível dos alunos
A partir da 8ª série.

Tempo
Variável, dependendo da prática de redação dos alunos. Para principiantes, 2 aulas para sintetizar o conteúdo de um caderno, da análise à redação corrigida – e refeita, se necessário.

Material
Cada grupo deve trabalhar com um jornal completo. Sugere-se que cada grupo use um dia diferente da semana de um mesmo periódico.

Desenvolvimento
(1) Cada grupo levanta os cadernos de seu exemplar de jornal.
(2) Algumas equipes dividem entre si os cadernos que saem diariamente de modo que cada grupo fique com a análise de um só desses cadernos.
(3) As equipes analisam os cadernos e fazem uma lista das suas seções.
(4) Procuram fazer uma síntese dos temas aí tratados. Se não encontram seções, colunas ou rubricas claramente determinadas, listam os assuntos tratados, procurando agrupá-las em rubricas gerais.
(5) Com essa lista preliminar escrevem um texto sintético sobre o conteúdo do caderno. (Ver exemplo no item **Ao professor**.)
(6) Cada equipe lê seu texto.
(7) Um texto é escolhido para ser escrito no QN, onde é corrigido pela classe, com a supervisão do professor. Deve ser reescrito, se houver necessidade.

(8) O texto correto é copiado por todos.

(9) O trabalho de correção das sínteses dos outros grupos pode ser reservado para aulas posteriores. Isso é um excelente exercício de redação.

(10) Quando todos os textos estiverem prontos (analisados, corrigidos, reescritos), a classe faz uma apresentação dos cadernos do jornal num tabloide, para ser divulgado na escola ou até fora dela.

Obs.: ATENÇÃO PARA A DIAGRAMAÇÃO!

Ao professor

Damos abaixo um modelo de resumo apresentado pela Agência O *Globo,* numa ficha:

Revista da TV aos domingos

Os bastidores da televisão estão neste caderno. O acompanhamento das cenas mais emocionantes das novelas e séries nacionais, o bate-papo informal com os atores e atrizes falando sobre os seus personagens e ainda o resumo do que vai acontecer durante a semana.

Informáticaetc. às segundas-feiras

O caderno Informáticaetc. traz a mais completa cobertura dos avanços da informática para todos os leitores que querem saber mais sobre o assunto. São dicas, reportagens, entrevistas e curiosidades sobre hardwares e softwares de mais destaque no mercado, além de assistência técnica, cursos e os últimos lançamentos no Brasil e no exterior. Acompanha o caderno um guia de compras com as melhores promoções do momento.

17. LOCALIZAÇÃO RÁPIDA DE CADERNOS OU SEÇÕES PELOS SEUS SÍMBOLOS (Jogo)

Conhecimentos prévios
Familiaridade com cadernos e seções de jornais.

Objetivos
- Exercitar os alunos para localizar rapidamente cadernos e seções, reconhecendo-os pelos seus símbolos mais representativos, siglas e outras características do texto.
- Conceituar **símbolo, logotipo, logomarca e sigla.**

Nível dos alunos
Da 3ª à 5ª séries, mas um trabalho menos complexo pode ser feito desde o início do 1º Grau.

Tempo
4 aulas em 2 sessões. Diminuir o tempo das sessões para as classes iniciais.

Material
Jornais inteiros ou revistas. Papel sulfite, cola e tesoura. Jogos previamente preparados pelo professor num painel.

Desenvolvimento

PRIMEIRO DIA

(1) O professor elabora um painel, reproduzido em folhas policopiadas para a classe, dividido em duas partes: na de cima coloca exemplos fáceis de símbolos retirados do jornal. Na parte de baixo coloca recortes de textos característicos de determinadas seções, facilmente reconhecíveis pelo seu visual. (Ver modelo nos exercícios.)

(2) A classe identifica os símbolos e escreve à frente o que eles representam. Fazem o mesmo com os fragmentos de textos. Neste caso devem também indicar os indícios que os levaram a essa classificação.

(3) Cada grupo faz um levantamento de símbolos de um jornal, HQ ou revista (cujo nome é colocado no alto), colando numa folha, escrevendo na frente o que representam e acrescentando a localização no jornal ou revista de que foram retirados.

(4) A partir da 5ª série conceituam: **símbolo**, **logotipo**, **logomarca**, **siglas**.

(5) **Atenção à diagramação**: considerando o mau uso do espaço da página que se observa em trabalhos escolares, o professor deve apresentar seus exemplos num box centralizado na página e exigir que os alunos procedam da mesma forma quando organizarem suas próprias páginas.

(6) Este jogo coletivo é uma preparação para os jogos do

SEGUNDO DIA: O jogo dos indícios

(1) Num segundo dia, divididos em grupos, os alunos preparam folhas com recortes de símbolos variados, tendo o cuidado de colocar o nome do jornal na parte superior.

(2) Combina-se com a classe quantos elementos devem estar colados nas folhas e que símbolos (logotipos de seções, de marcas de produtos etc.).

(3) Um grupo troca as folhas preparadas com um grupo vizinho, para que este, o mais depressa possível, reconheça a que se referem os símbolos, escrevendo, na linha à frente, o que representa e a localização no jornal (caderno e página se os alunos já fizeram exercícios sobre isso).

(4) O professor recebe os resultados corrigidos, numerando as folhas por ordem de entrega.

(5) A correção é feita pelo grupo que organizou as questões.

(6) Ganha o grupo que entregou primeiro todas as respostas certas.

(7) Outro jogo pode ser feito com fragmentos característicos de seções e outro ainda só com siglas, em caracteres comuns ou logotipos.

Observações

(1) Este jogo deve ser feito várias vezes no semestre letivo.

(2) A classificação final fica mais precisa se tudo for cronometrado: dá-se um tempo X para as equipes criarem o jogo. As que não o fizerem no tempo estipulado ficam desclassificadas. Em seguida, marca-se a hora e minutos do início do jogo. Cronometra-se a ordem de entrega das folhas respondidas.

Ao professor

É preciso deixar bem claro que um **símbolo** é uma designação ampla de logotipos, logomarcas e siglas e destes como variações de símbolos.

Os símbolos encontrados nos jornais são marcas gráficas que funcionam como elemento identificador e/ou representativo de uma empresa (como o título do jornal), de uma instituição, de um produto, de uma seção do jornal, de um assunto tratado em dias subsequentes no jornal etc.

O **logotipo** é um símbolo. Pode ser formado por letra de traçado específico, desenhos e ideogramas, figuras estilizadas ou não, formas geométricas, em cores ou em branco e preto. O importante é que leve à identificação instantânea daquilo que representa.

A **logomarca** é o símbolo de um produto, numa só composição gráfica característica (pode ter desenhos, letras etc.).

A **sigla** é a representação de uma palavra ou conjunto de palavras pelas letras e/ou sílabas iniciais das palavras.

Algumas siglas comuns em jornais e revistas:

ABCD – Municípios da Grande São Paulo: Sto. André, São Bernardo, São Caetano e Diadema

ABI – Associação Brasileira de Imprensa

Apeoesp – Associação dos Professores do Ensino Oficial do Estado de São Paulo

BC – Banco Central

Banespa – Banco do Estado de São Paulo

BB – Banco do Brasil

BIO – Banco Interamericano de Desenvolvimento

CBF – Confederação Brasileira de Futebol

CIC – Cartão de Identificação do Contribuinte

CNBB – Conferência Nacional dos Bispos do Brasil

Cohab – Companhia Metropolitana de Habitação de São Paulo

Contag – Confederação Nacional dos Trabalhadores na Agricultura

CUT – Central Única dos Trabalhadores

DER – Departamento de Estradas de Rodagem

Detran – Departamento Estadual de Trânsito (SP)

Embratel – Empresa Brasileira de Telecomunicações

EUA – Estados Unidos da América

Febraban – Federação Brasileira das Associações de Bancos

Fepasa – Ferrovias Paulistas S/A

FGTS – Fundo de Garantia por Tempo de Serviço

FGV – Fundação Getúlio Vargas

Fiesp – Federação das Indústrias do Estado de São Paulo

MEC – Ministério da Educação

OAB – Ordem dos Advogados do Brasil

OCDE – Organização para a Cooperação e o Desenvolvimento Econômico

OIT – Organização Internacional do Trabalho

ONU – Organização das Nações Unidas

Procon – Grupo Executivo de Proteção ao Consumidor

PUC – Pontifícia Universidade Católica

RTC – Rádio e Televisão Cultura

Sabesp – Companhia de Saneamento Básico do Estado de São Paulo

SBT – Sistema Brasileiro de Televisão
Senac – Serviço Nacional de Aprendizagem Comercial
Senai – Serviço Nacional de Aprendizagem Industrial
Sesc – Serviço Social do Comércio
SFH – Sistema Financeiro da Habitação
Sucam – Superintendência de Campanhas de Saúde Pública
Sudene – Superintendência do Desenvolvimento do Nordeste
Sunab – Superintendência Nacional do Abastecimento
TCU – Tribunal de Contas da União
Telebrás – Telecomunicações Brasileiras
Telesp – Telecomunicações de São Paulo
TRE – Tribunal Regional Eleitoral
TSE – Tribunal Superior Eleitoral
TST – Tribunal Superior do Trabalho
Ubes – União Brasileira de Estudantes Secundários
UEE – União Estadual dos Estudantes
UNE – União Nacional dos Estudantes
Unesp – Universidade do Estado de São Paulo
Unicamp – Universidade de Campinas
USP – Universidade de São Paulo

◈ **Exercícios**
A) Escreva as seguintes indicações:
    1ª) Do que trata cada segmento?
    2ª) Em que caderno ou seção do jornal podem estar esses fragmentos?

GOL GTS
94
Preto, c/ ar, dir., som, alarme e rodas GTI 95. O mais novo de S.P.
R$ 14.200. F: (011) 843-3686 c/ Neto.

Venda de carros

Classificados

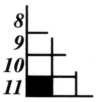

Palavras cruzadas

Lazer

Comercial		
Dia/Mês	Compra	Venda
2/6	0,903	0,905
5/6	0,903	0,905
6/6	0,904	0,9~
7/6	0,909	
8/6	0,91~	
9/6		
12/6		

Cotação de moedas

Economia

77

19h50 São Paulo em Manchete
20h30 Canal 10
20h35 Jornal da Manchete
21h50 Retrato Faldo-série
22h45 Câmera Manchete
23h50 Momento Econômico
0h05 Home Shopping
0h20 Jornal da Manchete -2ª ed
0h50 Feiras e Negócios
1h20 Clip Gospel
6h15 Educativo

Programas de TV

Lazer

V. N. CONCEIÇAO - NOVO
800 M² - 4 STES. - 5 GRS. - ESCR.

Vista p/ Z.1 e pq., rua nobre, amplo
amb. sl. c/ terraços, lar., lazer.

FONE: 851-5399

Venda de imóvel

Classificados

Venda de árvores

Suplemento agrícola

JABOTICABA
SABARÁ
MUDAS C/ 22 ANOS JÁ PRODUZINDO
TEMOS QUANTIDADE
VENDAS: DIAULAS S. NOGUEIRA
ROD. SP-215 - KM 58
FONE: (0196) **96-1146**

EUROPA EXPRESS 7 NOITES

LONDRES E PARIS
A PARTIR DE: 15X US$ 172.00*
ou US$ 1,650.00 à vista

PARIS E ROMA
A PARTIR DE:
15X US$ 197.00*

Excursão

Turismo

DÓLAR

Cotações de venda em R$

▣ Paralelo   ☐ Com

0,99
0,98
0,97
0,96
0,95

13/2   14

ASTOR - Av. Paulista, 2.073. Tel.:
289-1780 Sabrina - L. - 14h - 16h30
- 19h - 21h30
BELAS ARTES (S. Aleijadinho) - R.
da Consolação, 2.423. Tel.: 258-
4088, O Diabo Veste Azul - 14a. -
14h - 16h - 18h - 20h e 22h.
BELAS ARTES (S. Villa Lobos) - O
Carteiro e o Poeta - 12a. - 14h - 16h
18h - 20h e 22h
BRISTOL - Av. Paulista, 2.064 -
Tel.: 289-0888 Fogo Contra Fogo -
14a. - 14h - 17h15 e 20h30.

Gráfico: cotação do dólar

Economia

Cinemas: filmes e horários

Lazer

B) Indique o que representam os logotipos abaixo e em qual jornal são usados: FSP ou OESP?

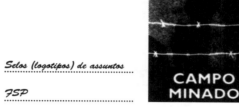

Selos (logotipos) de assuntos

FSP

Selos (logotipos) assuntos

FSP

Ruim

Logotipo de cotação de filmes

OESP

20h30

Relógio: hora do fechamento da edição

FSP

Selo: indicando a edição nacional
FSP

Ex-libris do OESP
(Veja **Glossário**)

Cotação de cereais
FSP

C) Pelo logotipo abaixo, reconheça os lugares, lojas ou repartições que abrem ou fecham no feriado.

 Amanhã fecham **Sexta** normal **Sábado** fecham **Domingo** fecham

 **Amanhã** facultativo **Sexta** normal **Sábado** normal **Domingo** facultativo

 **Amanhã** plantão **Sexta** plantão **Sábado** plantão **Domingo** plantão

Bancos .... *Postos* .... *Hospitais*

D) Que informações representam estes logotipos da PP de OESP?

 Poupança

 Loteria

 Dólar americano

 Horóscopo

 Ensolarado 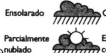 Chuvas

Parcialmente nublado   Ensolarado a instável com chuvas

Nublado   Instável com chuvas passando a ensolarado

 Meteorologia

E) Os fragmentos de logotipos foram tirados dos cadernos de OESP e FSP. Complete seus nomes.

otidi   *Cotidiano (FSP)*

Viag   *Viagem (Turismo – OESP)*

   *ZAP (Caderno para jovens – OESP)*

o2   *Caderno 2 (Espetáculos – OESP)*

EMININ   *Suplemento Feminino (OESP)*

spo   *Esportes (OESP)*

ateen   *Folhateen (Caderno para jovens – FSP)*

18. GINCANA DAS INFORMAÇÕES DE JORNAL (Jogo)

Conhecimentos prévios
Ter praticado a localização de informações.

Objetivos
- Exercitar os alunos na localização rápida de informações, notícias etc.
- Iniciação à leitura rápida.

Nível dos alunos
Da 4ª série em diante, variando a dificuldade de localização e o assunto pedido, segundo o nível da classe.

Tempo
1 hora por quinzena. É um exercício que deve ser retomado durante o ano letivo.

Material
Um exemplar do mesmo jornal do mesmo dia para cada equipe.

Desenvolvimento
(1) Formadas as equipes, o professor explica a atividade sob forma de jogo: ganha a equipe que fizer mais pontos. As regras do jogo devem ser previamente discutidas com a classe e modificadas de uma sessão para a outra no decorrer do ano letivo.

(2) Sugestão para começar a brincadeira: previamente, o professor seleciona no jornal informações a serem localizadas. Pode ser de um único caderno, de dois ou do jornal inteiro. Vai escrevendo no quadro as informações solicitadas (ou que podem ser entregues já impressas às equipes). Os alunos procuram no jornal a informação e a escrevem numa folha de papel, indicando o caderno e a página. Podem também recortá-las e colá-las na folha. Ganha a equipe que terminar primeiro; o professor deve receber as folhas, marcando o tempo que cada equipe levou para responder. Marcar um tempo máximo para a entrega das respostas.

(3) Recolhidas as folhas, começa-se a correção coletiva das respostas. Se a equipe não conseguiu encontrar a informação ou se deu resposta errada, perde pontos. Ganhará a equipe que tiver localizado corretamente o maior número de informações no menor tempo, os outros classificando-se em seguida pelo mesmo critério.

Observações

(1) O professor deve ter o cuidado de não pedir informações muito difíceis no início nem muito numerosas, nem estabelecer um tempo curto demais para sua localização. Essas complicações podem ser introduzidas à medida que a classe vai se tornando mais prática na localização das informações.

(2) Algumas sugestões: Procurar o horário e canal de determinado programa (a equipe indica a página e o caderno). Quem é o autor da tira de quadrinhos X? – Que filme está sendo exibido no cinema YY? – Em que página e caderno se encontra a foto da cantora Z? – Qual o resultado do jogo de... entre os clubes X e Y? etc.

(3) Para variar, as perguntas podem ser organizadas por uma equipe para classe. Ou então uma equipe organiza as perguntas para uma equipe rival.

TERCEIRA PARTE: VISITANDO UM JORNAL

Objetivos gerais

- Conhecer uma empresa que desempenha um papel importante na difusão da informação.
- Responder à curiosidade por uma área em geral considerada fascinante, mas de que só conhecemos o aspecto idealizado. A visita ao jornal mostrará que se trata de uma empresa de estrutura complexa, e modificará a visão um tanto mitificada que se costuma ter do jornalista.
- Colocar os alunos em contato com uma área profissional que abrange um número muito grande de profissões, de especialidades, de formação, além do jornalismo, propriamente dito.
- Informar sobre a complexidade da produção de um jornal (das instalações aos profissionais envolvidos, passando pelas questões da direção de uma **empresa**). O aluno se conscientizará sobre a complexidade que envolve a ampla atmosfera informativa em que vivemos hoje.
- Mostrar que, hoje, as vias de conhecimento não passam apenas pela escola e que é necessário buscar o conhecimento fora dela em diferentes fontes, dentre as quais o jornal.
- Propiciar um amplo trabalho interdisciplinar na escola.
- Estimular os alunos a criarem um jornal escolar.

Ao professor

O momento de se fazer uma visita ao jornal não se coloca rigidamente neste ou naquele ponto do planejamento da disciplina. É preciso, porém, que o aluno já tenha tido algum contato com o jornal em classe e esteja estimulado a saber como é uma empresa jornalística por dentro, como se produz um jornal. É uma atividade que pode ocupar praticamente todo um ano letivo e não deve ser apenas um "piquenique pedagógico".

É também um excelente trabalho interdisciplinar, que pode reunir os professores da turma numa atividade conjunta.

Entretanto, não se deve perder de vista outro fato: por mais que a visita seja organizada, é provável que uma série de imprevistos frustrem o cronograma estabelecido. Isto não é grave. O coordenador da visita não deve ser muito rígido quanto ao que ficou estabelecido, mas também não pode deixar tudo tão solto, que acabe perdendo o controle da situação. O bom senso é o melhor caminho.

Pode-se fazer dois tipos de visita: uma visita rápida e uma visita aprofundada.

A visita rápida é aconselhada em dois casos: com os alunos menores, e neste caso, deve-se selecionar muito bem o que visitar no jornal, para não sobrecarregar os pequenos.

O outro caso é a decisão de se tomar um primeiro contato com a empresa jornalística, para depois se aprofundar o estudo do jornal. Assim, no início das atividades, uma visita rápida pode estimular os alunos a encarar com interesse os trabalhos com o jornal. Neste caso também é importante que o professor seja muito criterioso na escolha do que deve ser visto, para não se ter uma ideia fragmentada ou truncada da empresa jornalística.

Em ambos os casos, a visita pode ser organizada por um só professor, mas é conveniente que durante a sua ocorrência haja mais adultos ou alunos maiores para acompanhar os grupos.

A visita aprofundada pode ser feita mais tarde, quando os alunos já têm um conhecimento razoável do que é um jornal. Ela deve ser minuciosamente organizada e exige uma divisão de trabalho com os colegas. Damos a seguir uma ampla indicação de atividades de preparação para a visita e para o que fazer depois dela. Caberá aos professores dosarem o que pretendem fazer a partir do que lhes é proposto.

Lembramos ainda uma vez o papel do "professor-escrevente" nas classes iniciais do 1° Grau. As crianças ainda não dominam a escrita mas têm ideias e fazem observações interessantes que precisam ser anotadas pelo professor.

19. POR QUE VISITAR UM JORNAL?

Objetivos
- Discutir com os alunos a importância da visita.

Nível dos alunos
Todos os níveis.

Tempo
2 aulas para a preparação em sala de aula. O que for necessário para as providências fora da escola e do horário escolar.

Material
Exemplares de diversos jornais para a escolha daquele a ser visitado.

Desenvolvimento
(1) Um professor decide coordenar uma visita a um jornal ou é indicado pelos colegas para coordenar essa tarefa.
(2) Na sua aula, procura saber se algum aluno já visitou um jornal. Se houver alguém na classe, pedir para que faça um relato sucinto.
(3) Escrever no QN uma lista de razões que justifiquem a visita, a partir das ideias dos alunos. No final, o professor pode completar essas razões. Fazer então um quadro estabelecendo uma hierarquia entre elas, indo do geral ao particular.
(4) Fazer um levantamento das disciplinas que se beneficiarão com a visita ao jornal e as razões que as justifiquem.
(5) Os professores das disciplinas que participarão da visita discutem com os alunos as vantagens dessa atividade para sua matéria e estabelecem os objetivos a alcançar.
(6) Decidir com a classe que jornal visitar e registrar as razões da escolha, devidamente hierarquizadas. Para isto, folhear primeiro diferentes jornais que possam ser visitados, para ser tomada a decisão final com a classe. Essa tarefa pode ser feita pelo professor coordenador. Os outros professores devem ser ouvidos quanto à escolha do jornal a ser visitado.
(7) Criar uma comissão de alunos para entrar em contato com o jornal e marcar dia e hora para ela ir até o jornal para fixar as linhas gerais da visita.

(8) Redigir com a classe uma carta ao diretor do jornal, solicitando a visita e a designação de uma pessoa para acompanhar o grupo.

(9) Discutir com a classe as datas possíveis da visita a serem propostas ao jornal. Há jornais que têm dias reservados para visitas. A comissão encarregada de entrar em contato com o jornal para marcar a visita deverá se informar sobre essas datas.

(10) Trazer, se possível, material de propaganda do jornal.

(11) Ao voltar desse primeiro contato, a equipe deve fazer um cartaz com as informações sobre a visita para comentar com a classe e afixar na escola.

Ao professor

(1) Os alunos devem levar prontas algumas perguntas para obter informações que facilitem a organização da visita. Sugerimos as seguintes:

a) O jornal tem um vídeo apresentando a produção de um exemplar?

b) Fornece material de apoio?

c) As oficinas podem ser visitadas?

d) A visita será divulgada no próximo número do jornal?

e) Tem dias e horas determinados para a visita? Quais?

f) Estabelece um número máximo de alunos para cada visita?

g) Poderá pôr alguém à disposição dos visitantes, explicando tudo o que for necessário?

(2) Pontos a serem fixados:

a) Estabelecer com o jornal o percurso da visita.

b) Trazer um documento escrito do jornal marcando dia e hora da visita, além de outras informações que forem necessárias.

(3) Passa-se então à segunda parte da preparação da visita (Atividade 20).

20. ORGANIZAÇÃO DA VISITA AO JORNAL

Objetivos
- Com os elementos trazidos à classe pela "equipe de contato", fixar em detalhes o desenrolar da visita, ou seja, o acompanhamento do processo da produção diária do jornal.

Nível dos alunos
Todos os níveis.

Tempo
Um mínimo de 2 aulas.

Material
Jornais conhecidos da classe. Material coletado pela "equipe de contato".

Desenvolvimento
(1) Este trabalho é feito pelo professor coordenador, ouvidos os colegas que participarão da visita.
(2) Trocar impressões com os alunos sobre jornais lidos em casa, ou jornais e revistas que conhecem, levantando no QN as hipóteses dos alunos sobre as fases da elaboração de um número de jornal. Guardar esse elenco de ideias para, depois da visita, comparar com o que foi visto no jornal.
(3) Ouvir o que a equipe de contato tem a informar.
(4) Estabelecer o percurso da visita, que, se for completo, deverá comportar o acesso às seguintes **fases de elaboração do jornal**: REDAÇÃO, DIAGRAMAÇÃO, CRIAÇÃO DE IMAGENS GRÁFICAS, IMPRESSÃO e EXPEDIÇÃO.
(5) Quanto aos diferentes **setores** da empresa jornalística, pode-se organizar equipes que entrarão em contato com os setores de: REDAÇÃO, ADMINISTRAÇÃO, FABRICAÇÃO (incluindo OFICINAS) e DISTRIBUIÇÃO.
(6) Dividir a classe em equipes, para observar cada fase da visita e anotar o que for necessário para uma síntese a ser feita em classe após a visita. As equipes deverão estar preparadas para fazer as perguntas necessárias (o que não impede que cada aluno possa fazer perguntas não programadas na hora). A fixação das perguntas fica para a fase seguinte da preparação.

(7) Cada equipe ficará sob a supervisão de um professor participante da visita. Estes professores já devem ter se reunido com o coordenador para escolher o setor do qual ficarão encarregados.

(8) As equipes devem preparar com antecedência material e aparelhos para documentação, como: bloco, lápis, caneta, gravador, máquina fotográfica, fitas cassetes e filmes e aparelhagem para filmagem em vídeo, se a escola dispuser desse material.

(9) Estabelecer o meio de transporte para chegar ao jornal. Se for pedido ônibus a qualquer repartição ou empresa, redigir coletivamente uma carta solicitando essa condução. Novamente, uma equipe de alunos deverá procurar a pessoa encarregada na empresa para tratar desse assunto, documentado pela carta escrita.

(10) Elaborar coletivamente um jornal mural noticiando a visita e informando sucintamente o que será feito durante a visita.

21. CONTATOS COM UM JORNALISTA

Objetivos
- Colocar a classe em contato com um profissional da imprensa para uma conversa generalizada sobre a produção de um jornal. Através deste contato, os alunos terão uma visão prévia sobre a produção e estarão mais preparados para organizar a visita.

Nível dos alunos
A partir da 4ª série.

Tempo
2 aulas para preparar o encontro; 2 aulas para o encontro com o jornalista e 2 aulas para avaliar o contato e orientar a organização dos dados obtidos.

Material
Exemplares do jornal a que pertence o jornalista. Aparelhos para registrar o encontro; gravador, fitas e, se possível, vídeo. Máquina fotográfica e filme. Bloco individual para tomar notas. Não permitir o uso de folhas soltas.

Desenvolvimento

PRIMEIRA FASE: Antes da entrevista com o jornalista

(1) Escolher com a classe o jornal e se possível o jornalista que será convidado. Escrever coletivamente uma carta-convite e indicar uma comissão que irá até o jornalista para convidá-lo e acertar dia e hora do encontro.

(2) A classe precisa folhear exemplares do jornal em que trabalha o jornalista convidado para buscar questões que a interessem num primeiro momento.

(3) As questões serão relacionadas no QN e ordenadas em relação aos diferentes setores a que pertencem.

(4) Terminada esta fase, o professor pode sugerir algumas perguntas relativas a setores que foram indicados pela classe e acrescentar o que lhe parecer oportuno.

(5) Fixa-se o tempo de duração da entrevista, determinando-se minutos fixos para cada parte.

(6) Formam-se então várias equipes, que ficarão encarregadas de fazer um certo número de perguntas escolhidas. A seleção deve respeitar rigorosamente o tempo determinado para cada parte.

(7) Para testar o tempo, os alunos podem fazer uma simulação da entrevista, fazendo as perguntas e fixando um tempo para o jornalista responder.

(8) Deve-se prever também alguns minutos para esclarecimentos, se as respostas do jornalista não ficarem totalmente claras para a classe.

SEGUNDA FASE: Durante a entrevista

Sugerimos o seguinte roteiro na organização do encontro:

(1) No primeiro momento, solicitar que o jornalista fale livremente de sua profissão, de sua formação e de sua experiência. No decorrer desta parte, os alunos devem estar preparados para anotar o que acharem interessante, mesmo se a entrevista estiver sendo gravada.

(2) Segue-se a segunda parte, onde serão feitas, pelas equipes, as perguntas organizadas previamente em classe.

(3) Na terceira parte, abre-se um tempo para as perguntas livres da classe. Não só a exposição inicial do jornalista, como as respostas que ele der às perguntas da segunda parte, poderão suscitar a curiosidade dos alunos sobre questões que não foram aventadas durante a preparação ou aquelas cujas respostas não ficaram claras.

(4) Sugerimos o seguinte tempo: considerando que a entrevista tenha no total 100 minutos (uma hora e quarenta minutos, quando se tratar das turmas mais adiantadas), daremos 10 minutos para o jornalista falar livremente; 60 minutos para as equipes colocarem as questões organizadas; 20 minutos para as perguntas livres e mais 10 minutos para o jornalista encerrar o encontro com uma fala, se ele assim o desejar. Sugerimos que o próprio jornalista proponha um roteiro geral da visita a ser feita no jornal em que trabalha.

(5) Dois alunos ficarão encarregados de controlar o tempo do cronograma.

TERCEIRA FASE: Depois da entrevista

(1) As equipes ordenam de forma sintética os dados obtidos durante a entrevista e os apresentam à classe. Sugerimos que esse trabalho seja inicialmente preparado fora do horário das aulas pelas equipes e terminado em aula regular, com o auxílio do professor para tirar dúvidas. No segundo tempo dessa atividade, esses dados são apresentados à classe.

(2) Esse material será guardado e usado nas sessões seguintes para preparar a visita ao jornal.

(3) Coletivamente, a classe redige uma carta ao jornalista, agradecendo a entrevista.

Observações

Pode parecer redundante o fato de se gravar a entrevista e ao mesmo tempo os alunos tomarem notas sobre o que vai sendo informado pelo jornalista. Entretanto, esta é uma oportunidade para os alunos aprenderem a tomar notas. Inicialmente o trabalho de sistematização das informações obtidas deve ser feito unicamente com as notas tomadas pelos alunos. Depois, faz-se uma audição da fita ou assiste-se ao vídeo para completar as informações.

Lembramos que uma das recomendações recorrentes nos manuais de redação dos jornais é de que o bloco de notas é indispensável ao repórter, independentemente da entrevista ser ou não gravada.

Ao professor

Damos a seguir uma série de perguntas que ajudarão os professores no item 4 da Primeira Fase e que poderão ser feitas durante a entrevista. São sobretudo perguntas de ordem geral. Caberá aos professores orientar a classe na sua escolha, dependendo do nível dos alunos e do aprofundamento que se deseja para a visita.

Imprensa

Por que se diz que a imprensa escrita é o "quarto poder"? Quais são os outros? A imprensa está desaparecendo, substituída pelos audiovisuais? Qual é a posição do jornal em que trabalha (no país ou na cidade se for jornal de âmbito regional) no contexto da imprensa nacional (estadual ou municipal) em relação à tiragem e à audiência? Quais são os jornais concorrentes mais diretos?

Jornalistas

Qual é a formação dos jornalistas? Como se chega à profissão? Ganha-se bem como jornalista? Viaja-se muito? Um jornalista é um escritor? Quanto ganha um jornalista? Ganha mais ou menos que outras profissões? Quantos tipos existem de jornalistas: redatores, repórteres etc.? Os fotógrafos também são jornalistas?

Legislação – Direitos e deveres

O que quer dizer liberdade de imprensa? Temos hoje liberdade de imprensa no Brasil? Houve época recente em que não havia? Nesse caso, como o jornal poderia divulgar as notícias? Há leis sobre o exercício da profissão de jornalista? O que entra na ética do jornalista? O jornalista pode escrever o que quiser? Se o jornalista divulga uma mentira pode ser preso? Se o jornal imprime uma mentira, quem é considerado o responsável? Pode dar exemplos?

Administração

Quais as principais receitas do jornal? E os gastos? Os jornais dão lucro? Por que se criam e se fecham tantos jornais?

Comunicação

Por que os jornais são chamados de "mídia"? Em que os jornais impressos se diferenciam dos jornais de TV e de rádio? Se eu quiser por uma mensagem ou anúncio no jornal, o que devo fazer?

Direção

Quem decide sobre a ideologia de um periódico? Qual a diferença entre Diretor, Editor e Redator-Chefe?

História

Quando se inventou o jornal? Qual foi o primeiro jornal do mundo? Quando o jornal em que trabalha foi fundado? Quem o fundou e por quê? Quais são os jornalistas mais conhecidos desse jornal? Por quê? Onde ficam as instalações desse jornal? São próprias ou alugadas? Há alguma história interessante a respeito desse jornal (anedotas, datas marcantes do seu funcionamento etc.)?

22. O QUE PERGUNTAR DURANTE A VISITA?

Objetivos
- Organizar uma lista prévia das perguntas a serem feitas durante a visita ao jornal, adequadas a cada setor.
- Propiciar atividade interdisciplinar preparatória, pois as perguntas devem ser escolhidas junto com professores responsáveis pelas equipes de alunos, de modo a não sobrecarregar o professor coordenador.

Nível dos alunos
Considerando a ampla faixa etária a que uma visita ao jornal interessa, os professores deverão ter o cuidado de, ao orientar o levantamento das perguntas, atender antes de mais nada a curiosidade da classe e de sua faixa etária. Quando são perguntas que venham a aumentar a cultura e os conhecimentos dos alunos é preciso levar em consideração a idade e o desenvolvimento intelectual da classe.

Tempo
Variável. Mas esta parte da preparação deve ser feita devagar, com todo o cuidado, prevendo-se inclusive tempo para pesquisas.

Material
Fichas para se registrarem as perguntas de cada grupo ou de cada aluno do grupo e serem usadas durante a visita. Aparelhos para registrar a visita: máquinas fotográficas e fitas, câmera de vídeo, se for possível. Bloco para registrar as respostas. A equipe que falar com a administração deverá ter um modelo de organograma policopiado, conforme o Anexo.

Desenvolvimento
(1) Conforme a extensão e profundidade da visita combinada, o coordenador ouve os colegas e a classe para determinar as seções que gostariam de conhecer. As seções selecionadas ficam sob a responsabilidade de cada um dos professores participantes, que as escolherão de comum acordo com todos.
(2) Os professores participantes formam as equipes que ficarão a seu cargo.

(3) Sob a orientação do professor coordenador a classe prepara uma ficha da empresa jornalística a ser visitada, conforme o modelo já indicado na atividade n° 9, consultando um exemplar do jornal. As informações que não puderem ser obtidas serão solicitadas no decorrer da visita e o quadro completado mais tarde.

(4) Num primeiro momento, o professor coordenador consulta a classe sobre o que gostaria de perguntar durante a visita. As sugestões do jornalista entrevistado servem de ponto de partida.

(5) Anota-se tudo o que for sugerido (QN e cadernos) e depois as perguntas são organizadas sob as rubricas das seções que serão visitadas e entregues aos professores participantes para que as completem em suas respectivas aulas.

(6) As perguntas de cada setor são distribuídas aos grupos e seus respectivos professores responsáveis. Cada aluno do grupo deve ficar encarregado de pelo menos uma. As perguntas são escritas nas fichas.

(7) Enfatizamos que, apesar do grupo visitante dispor de variados aparelhos para registrar o evento, a tomada de notas é de regra e são elas que vão servir de ponto de partida para a avaliação da visita e a organização de todo trabalho posterior, confrontando com o que ficou registrado. Todos os alunos do grupo devem anotar as respostas em seus blocos.

Ao professor

Como já foi feito para a entrevista com um jornalista, damos a seguir sugestões de perguntas a serem feitas no decorrer da visita, segundo os diferentes setores a serem visitados.

Imprensa

Qual a posição do jornal (no país, no estado, na cidade se for regional) no contexto da imprensa nacional (estadual, municipal), em relação à **tiragem** e ao **número de leitores**? Quais os jornais concorrentes?

Redação

Como se organiza a redação de um jornal? Como é o organograma do jornal quanto aos seus órgãos de execução? Qual é o papel do diretor, do chefe de redação, dos chefes de seções de redação? Que outros postos existem na hierarquia da Redação? Cada seção do jornal tem um chefe de redação

(economia, esportes, educação etc.)? Qual a função de um repórter e a de um redator? Qual a função de um copidesque?

Fontes do jornal

Quais as principais fontes do jornal? Como as informações chegam ao jornal? O jornalista pode recusar-se a revelar a fonte onde obteve a informação? Como se estabelece a pauta do jornal? Quem dá a palavra final sobre o que publicar e o que não publicar? Quem decide sobre o que publicar na PP? Como se avalia a importância jornalística de um assunto? Como é feita a distribuição da matéria para os repórteres e redatores? Como o jornal se retrata em caso de erro? Quem é o responsável por erros de informação? O que fazem com as notícias que chegam ao jornal e não são usadas?

Administração

Quais as principais receitas deste jornal? Qual a importância da publicidade nessa receita? Quais os principais gastos? A quem pertence o capital da empresa? Quanto sai o exemplar para o jornal? O preço de venda cobre os gastos? Quanto custa, de onde vem e quanto se gasta de papel numa edição? Qual a tiragem deste jornal? Quantos exemplares em média são vendidos nas bancas? Quanto são os assinantes? Qual a região que este jornal atinge? Como chegam em outras cidades: caminhão, trem, avião, correio, outros? Quantas pessoas trabalham nesta empresa jornalística? Quantos setores ela tem? Quanto ganham, em média, os empregados de cada setor? Tomar dados para organizar posteriormente um quadro.

Oficinas

Como são os equipamentos que recebem as notícias? Como é feita a impressão: off-set? Outras? Como funciona o off-set? O que é uma rotativa? Quais são as técnicas de impressão em cores? Máquinas e equipamentos são nacionais ou importados?

Diagramação e arte final

O que é diagramação? e arte final? Como são feitas essas atividades? Elas estão interligadas com outras? Qual o papel do computador, hoje, na composição da página do jornal? Qual o tempo gasto para a preparação da diagramação e da arte final? Em que ordem são colocados os elementos que compõem uma página, na diagramação? Quais as características profissionais de um diagramador? Existe formação específica?

Foto/Imagem

Este jornal tem uma seção específica para foto/imagem? Como as fotos são transmitidas ao jornal? Quais as técnicas modernas de transmissão de fotos? Como é feita a transmissão de fotos por satélite? Como é feita a leitura a laser das fotos? Qual é, em média, o número de fotos feitas pelos fotógrafos do jornal e as enviadas pelas agências?

Quantos fotógrafos contratados existem neste jornal? Quanto ganham? Qual o horário de trabalho deles? Como é feito o trabalho de um fotógrafo *free lance*?

Quem escolhe a foto que sai no jornal e quem faz a sua legenda? E o próprio fotógrafo?

Como é o trabalho de fotocomposição? Neste setor existem desenhistas contratados? Qual é a função deles? Que tipo de imagem compõem para o jornal?

O que é infografia?

ATENÇÃO: recolher material referente à impressão de fotos, de desenhos publicados no jornal.

As horas do jornal

Durante a visita um aluno ficará encarregado de anotar as HORAS DO JORNAL, ou seja, os horários das diferentes atividades de produção do jornal. Para orientação, propomos que se indague:

...... horas: Decisão da redação sobre as matérias a serem publicadas no jornal do dia.

...... horas: Entrada em serviço dos gráficos e técnicos em digitação, responsáveis diretos pela paginação e tratamento gráfico das páginas.

...... horas: Fechamento da edição, com conclusão dos trabalhos de redação e paginação.

...... horas: Início e término da impressão.

...... horas: Início da distribuição nos locais de venda em diferentes cidades.

ANEXO
Modelo de organograma

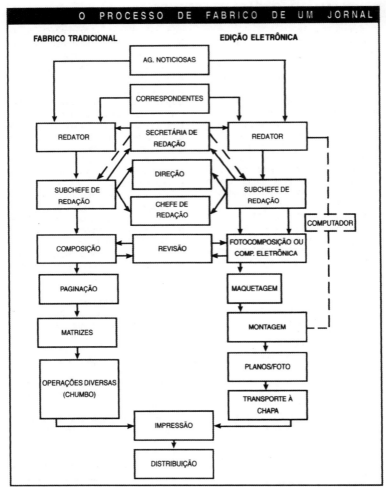

FONTE: SANTOS, Antonio. "Visita ao jornal". Guia do professor. 1º Cad. Lisboa. PÚBLICO. Comunicação Social, SA, *Cadernos PÚBLICO na Escola 1*, 1991, p. 31.

23. DEPOIS DA VISITA – IMPRESSÕES GERAIS

Objetivos
- Levar os alunos e as equipes a registrarem livremente suas impressões em relação à visita.
- Organizar um jornal mural ou painel resumindo a visita e afixá-lo na escola.

Nível dos alunos
Todos os níveis.

Tempo
2 aulas para o trabalho em classe, o tempo necessário para o trabalho de elaboração do cartaz.

Material
Fichas com as perguntas feitas no jornal. Blocos com as anotações dos alunos. Material trazido da visita. Material para confecção de um cartaz.

Desenvolvimento

PRIMEIRA FASE (Realizada pelo professor coordenador com a classe. Melhor ainda se os outros professores estiverem presentes.)

(1) Dá-se a todos os alunos e equipes a liberdade de falar à classe ou escrever o que quiserem. Só no momento de organizar o painel sobre a visita é que se procurará tirar alguns dados ordenados para essa comunicação.

(2) Alunos e equipes que quiserem falar expõem suas impressões.

(3) Deve ser fixado um tempo máximo para cada exposição oral, por exemplo, 5 minutos, rigorosamente cronometrado por alunos encarregados dessa tarefa. Um minuto antes de se esgotar o tempo, o(s) expositor(es) devem ser notificados para encaminhar as conclusões.

(4) É importante que os alunos ou equipes que se inscreverem para falar já tenham preparado a fala anteriormente, e anotado em fichas os principais tópicos que serão tratados.

99

(5) No final, reserva-se 20 minutos para fazer um balanço geral da visita, levantando os seus aspectos relevantes e redigir coletivamente uma notícia, que será afixada na escola, através de um painel. Para elaborar este painel, a classe pode encarregar alguns alunos.

(6) Os comentários devem ser de duas ordens:
a) A organização da visita: deu certo? Não houve tumulto? Confusões? O que foi previsto foi executado? etc.
b) Impressões gerais da equipe sobre a visita. Boca livre.

SEGUNDA FASE

(1) Cada professor participante faz em sua aula, com a sua equipe, uma exposição oral ao restante da classe, com mais detalhes do que na Primeira Fase.

(2) A equipe elabora um cartaz sobre o assunto, em seus aspectos gerais.

Observações

Novamente enfatizamos o papel do "professor-escrevente", quando a visita for feita por classes que ainda não dominam a escrita.

24. DEPOIS DA VISITA – LEVANTAMENTO DOS DADOS

Objetivos
* Organizar os dados obtidos durante a visita. Trata-se de um trabalho longo, a ser feito durante as aulas das disciplinas participantes da visita.
* Pesquisar aspectos que ficaram inconclusos.
* Redigir pequenos trabalhos a partir de questões determinadas, os quais serão divulgados em jornais escolares, painéis etc.
* Organizar documentação para futuras pesquisas a serem arquivadas na biblioteca da escola.

Nível dos alunos
Todos os níveis.

Tempo
Muito variável. Pode ocupar o resto do semestre letivo e mesmo todo o ano escolar. Pode ser mais curto ou mais longo, conforme o aprofundamento que se queira dar aos trabalhos e o nível intelectual e idade dos alunos.

Material
Fichas e anotações com as informações obtidas durante a visita. Fotos, vídeo feitos durante a visita. Material de propaganda do jornal. Amostras variadas de material de fabricação do jornal, recolhidas durante a visita. Exemplares de impressão do jornal. Material recolhido em pesquisas posteriores.

Desenvolvimento
(1) Promover um acordo entre os professores envolvidos, para que as tarefas sejam distribuídas por disciplina. O ideal seria uma reunião dos professores com os alunos. Considerando-se as dificuldades de horário, o professor coordenador, sempre assessorado por uma comissão de alunos, poderá entrar em contato com os colegas para determinar essas tarefas.
(2) Cada disciplina deverá determinar um horário fixo para o tratamento dos dados obtidos. Sugerimos que esse trabalho seja feito em classe, a partir de uma primeira organização do material

pelas equipes, feita fora do horário de aula. Nesse caso, o papel do professor será o de examinar o material de seu(s) grupo(s) e orientar na sua organização, atendendo também aos pedidos de orientação dos alunos.

(3) Para a organização dos dados, deve-se partir das perguntas previamente preparadas. Verificar se foi possível fazê-las. Se não, registrar as razões. **Faz-se assim uma síntese das respostas a cada pergunta**, acrescentando-se os dados colhidos na hora e que não tinham sido previstos na preparação da visita. Verifica-se também se as perguntas foram satisfatoriamente respondidas. Se não foram, estudar um meio de completá-las, seja por pesquisa em documentos, seja por uma entrevista com jornalistas e outros profissionais que trabalham em jornais.

(4) Organizar textos, gráficos, reportagens fotográficas com as fotos tiradas durante a visita e o material para documentação. Este trabalho, feito em classe e fora dela, é apresentado à turma quando pronto, decidindo-se em seguida o destino a ser dado a ele: jornal, mural escolar, painel, arquivo na biblioteca ou outros.

(5) Chamamos a atenção para a importância da **apresentação** desses dados: procurar pôr em prática o que se aprendeu sobre a diagramação e paginação do jornal. Para isso, consultar *O jornal na sala de aula* e A. C. Collaro, *Projeto gráfico: teoria e prática da diagramação.*

25. ENQUETE SOBRE A CIRCULAÇÃO DO JORNAL

Objetivos
- Depois da visita, pesquisar a circulação desse jornal no meio escolar e fora da escola.

Nível dos alunos
 A partir da 5ª série.

Tempo
 Variado, segundo o questionário a ser elaborado, o número de pessoas entrevistadas, a prática na tabulação de dados e na análise dos dados e redação da matéria final.

Material
 Questionário impresso.

Desenvolvimento
(1) Na sala de aula, coletivamente, determinar que tipos de pessoas serão pesquisadas e seu número.
(2) Elaborar o questionário com a classe e imprimi-lo.
(3) Dividir o trabalho de campo com os alunos da classe, formando equipes de trabalho. Prever modos de deslocamento, formas de contato etc.
(4) As equipes organizarão os dados parciais recolhidos durante a enquete, sob a orientação do professor, que deverá já organizar no QN os quadros a serem obtidos. É uma tarefa a ser feita durante a aula, para poder contar com a orientação direta do professor no momento em que é feita.
(5) Uma equipe será escolhida para juntar os dados parciais nos quadros gerais.
(6) Apresentação à classe dos resultados finais. Avaliação dos resultados e análise dos dados obtidos. Indicação de uma equipe para redigir o texto final. No caso de alunos menores, esse texto pode ser feito coletivamente com a ajuda do professor.
(7) Divulgação dos dados obtidos em jornais murais, na escola, no bairro, em jornais locais ou no próprio jornal visitado, se este se dispuser a fazê-lo.

Ao professor

MODELO DE QUESTIONÁRIO

Enquete sobre a circulação do jornal "X"

Dados gerais do entrevistado:

Sexo: _____ Idade: _____

Profissão: _____

Perguntas:

1. Qual é o jornal que você e sua família leem com mais frequência?

2. Você (ou sua família) compra algum jornal em banca?

☐ não ☐ sim ☐ Qual: _____

3. Você (ou sua família) compra algum jornal em banca?

☐ não ☐ sim ☐ Qual: _____

Quantas vezes por semana? _____

4. Você (ou sua família) conhece o jornal "X"?

☐ não ☐ sim

5. Se conhece, o que prefere ler no jornal "X"?

_____

6. Você acha que o jornal "X" diz sempre a verdade?

[resposta aberta]

_____

data: _____

NOTA: Questionário para ser feito:
1. Na escola, entrevistando alunos, professores e funcionários.
2. Na família dos alunos.
3. Em pontos de venda e de leitura de jornais.

QUARTA PARTE: APROFUNDANDO A ANÁLISE E A PRÁTICA DO JORNAL

Objetivos
- Conhecer os componentes de uma PP.
- Conscientizar-se da importância de sua diagramação.
- Detalhar os elementos de seus componentes, como cabeçalho, chamada, lide etc.
- Conhecer e praticar a linguagem de elementos importantes do jornal, como títulos e lide.
- Iniciar os estudantes nas funções da linguagem usuais nos jornais, com especial influência na ideologia que os caracterizam. Dar relevo específico à seleção, feita pelo jornal, a fatos de uma notícia, o que nos leva à questão do **Fato** e da **Versão**.
- Estender o trabalho da PP para as PIs. Compará-las.
- Conhecer alguns aspectos linguísticos específicos dos títulos e dos lides.

Ao professor
Nesta última parte, apresentamos dois tipos de trabalho: aprofundamos o conhecimento do jornal em trabalhos essenciais, como conhecer os componentes da PP, o que é cabeçalho, chamada, lide etc., e apresentamos trabalhos com a linguagem específica do jornal. Em alguns casos, os dois tipos de trabalho estão juntos na mesma atividade.

As atividades apresentam propostas ora mais simples, ora mais complexas, cabendo ao professor escolher o que é adequado ao nível de suas classes e os objetivos que pretende alcançar com essas atividades.

Lembramos que algumas atividades já podem ser feitas desde o início dos trabalhos com o jornal, alternando-as com atividades das partes anteriores.

26. OS COMPONENTES DA PRIMEIRA PÁGINA DE JORNAIS E REVISTAS

Objetivos
- Levar o aluno a ter uma visão precisa da importância da PP dos jornais e revistas.
- Conhecer os componentes habituais de uma PP.
- Assinalar os principais indícios que caracterizam uma PP.
- Conceituar.

Nível dos alunos
Desde a 1ª série, mas, nas séries iniciais, usar, de preferência, suplementos infantis e gibis num primeiro contato.

Tempo
2 horas no máximo para sessão de análise da PP. 1 hora para conceituações a serem feitas em dias diferentes. Para os menores, não ultrapassar vinte minutos por sessão.

Material
PP de jornais e de revistas para cada grupo. Suplementos infantis e gibis para os menores.

Desenvolvimento

PRIMEIRA FASE

(1) Antes de distribuir o material, a classe levanta hipóteses sobre o que é importante estar numa PP de jornal ou revista. O professor enfatiza a necessidade de assinalar os indícios que caracterizam esses componentes, que são escritos no QN.
(2) O material é distribuído pelos grupos. Aconselha-se a trabalhar com um jornal ou uma revista apenas, para uma primeira análise.
(3) Os grupos trabalham examinando as PP e conferindo com as hipóteses levantadas, completando a lista do que foi indicado e excluindo o que não deveria estar lá.
(4) Cada grupo, oralmente, indica os elementos encontrados. A classe avalia, com a supervisão do professor.

(5) Para a elaboração de uma lista final, agrupam-se os elementos que pertencem a um mesmo componente. Começa-se pelo cabeçalho; juntam-se: fotos, legenda e créditos das fotos etc.

(6) Feita uma lista organizada, atribui-se um número para cada elemento.

(7) Escreve-se o número sobre o elemento correspondente na PP do jornal. Ver Anexo.

SEGUNDA FASE

(1) Os grupos conceituam a PP. A classe escolhe a melhor conceituação (ou as melhores) para o seu glossário. Se for necessário, escreve-se no QN para corrigir o que for necessário.

(2) Se quiser, o professor poderá então passar à classe uma conceituação de dicionário para que os alunos a confrontem com as que fizeram.

(3) Conceituam-se, de forma sucinta, os elementos mais importantes da PP.

◈ **Exercícios**

1º) Toma-se a PP de um jornal e colocam-se nessa página os números da lista correspondente a cada componente. Aproveita-se para aumentar a lista, se aparecerem elementos novos em jornais diferentes.

2º) Aqui o caminho é o inverso: o professor escolhe alguns componentes listados da PP e propõe à classe, em grupos ou individualmente, a localização desses componentes numa PP de jornal, aí colocando os números correspondentes.

Prolongamentos

(1) Depois de se trabalhar bem com a PP de jornais, faz-se o mesmo trabalho com a capa de rosto de revistas.

(2) Compara-se a PP de jornal com a de revista.

(3) Ampliam-se as comparações, confrontando capas de semanários, como *Veja,* magazines como *Manchete,* gibis, revistas especializadas, fanzines.

ANEXO

Legenda

1. Nome do jornal
2. Relógio
3. Responsável pelo jornal, cidade, sede, data, slogan, ano e número do jornal, endereço e preço
4. Bandeira
5. Manchete
6. Subtítulo
7. Títulos
8. Chamadas
9. Lide
10. Índice do jornal
11. Dados sobre a edição
12. Serviços: câmbio e meteorologia
13. Infografia
14. Foto
15. Legenda da foto
16. Agência internacional que comunicou a foto
17. Créditos da foto
18. Caixa ou box
19. Selo

FONTE: *Proleitura*. Assis. Unesp, Departamento de Literatura, ano 2, nº 5, junho/95, p. 4.

108

27. JOGO DE QUEBRA-CABEÇA COM A PP

Conhecimentos prévios
Saber o que é uma PP

Objetivos
- Através de um jogo, ajudar os alunos a fixarem os componentes de uma PP.
- Dar uma ideia de diagramação e de sua importância na localização de assuntos da PP.

Nível dos alunos
Desde a 1ª série.

Tempo
1 hora para o trabalho com a classe proposto pelo professor. 1 hora para o trabalho proposto pelos grupos. Nas séries iniciais reduzir o tempo para no máximo 20 minutos.

Material
PP de jornais diversos, papel de grande formato, tesoura, cola, canetas hidrográficas vermelha ou verde. O professor traz de casa algumas PP recortadas e uma marcada para recortar.

Desenvolvimento

PRIMEIRA FASE

(1) O professor explica o jogo e forma os grupos.
(2) Mostra uma página marcada para recortar, alertando que é conveniente não separar elementos de um mesmo componente (por exemplo: a legenda da foto, as informações úteis, as pequenas chamadas, não cortar os boxes no meio etc.). É o momento de mostrar a importância da diagramação na distribuição das notícias e outros elementos da PP.
(3) O professor entrega a cada grupo uma PP recortada, segundo os critérios estabelecidos.
(4) Cada grupo procura recompor a PP no menor tempo possível, colando os pedaços na folha grande de papel.
(5) Ganha o grupo que terminar primeiro corretamente.

SEGUNDA FASE

(1) Cada grupo toma uma PP intacta e marca com caneta vermelha as linhas por onde passará a tesoura. É conveniente que se combine um mínimo e um máximo de recortes.

(2) Os grupos cortam a PP. Cada grupo põe a sua marca junto ao cabeçalho.

(3) O professor distribui aleatoriamente uma página recortada para cada grupo.

(4) Os grupos procuram recompor a PP, colando na folha grande de papel, e ao terminar entregam ao professor.

(5) O professor numera as folhas por ordem de entrega.

(6) O grupo que recortou recebe, para conferir, o trabalho do grupo adversário.

(7) Ganha o grupo que terminou o trabalho mais depressa: marcar, recortar, recompor e colar.

(8) Pode-se também fazer uma competição entre os grupos que cortaram a página e a conferiram para ver quem é mais rápido na conferência.

Observações

(1) Na 1ª e 2ª séries (CB) o professor pode começar recortando apenas o cabeçalho e as fotos para as crianças recolocarem os pedaços no lugar.

(2) Quando os alunos já sabem ler, recortam-se também alguns títulos maiores.

(3) É importante que o professor estabeleça uma progressão de dificuldades, segundo o adiantamento das turmas e a prática adquirida no exercício.

(4) Uma outra progressão a ser estabelecida é o aumento de dificuldades nos recortes com a mesma turma (recortes cada vez menores) – trabalho este feito em dias subsequentes.

(5) A classe pode estabelecer regras diferentes para o jogo.

28. O QUE É UMA CHAMADA?

Conhecimentos prévios
Ter noção do que seja uma PP.

Objetivos
- Conhecer os diferentes elementos que podem estar presentes numa chamada.
- Encontrar os indícios que a caracterizam.
- Conceituar **chamada**.

Nível dos alunos
A partir da 3ª série, adequando-se o trabalho à idade e desenvolvimento das crianças.

Tempo
2 aulas. Menos tempo em classes iniciais de 1º Grau.

Material
PP de jornais, de preferência o mesmo de um determinado dia. Suplementos infantis para os alunos menores.

Desenvolvimento
(1) Trabalho a ser feito em conjunto com a classe, podendo os alunos se organizarem em grupos para trocar ideias.
(2) Escolhe-se a notícia mais importante da PP e assinalam-se os vários elementos que a compõe, como título, texto, foto, legenda etc.
(3) A classe procura identificar todos os componentes que fazem parte da notícia, escrevendo-se no QN o que for sendo indicado. Nesse trabalho, chegarão aos números e letras colocados no fim da **chamada**, à direita embaixo, indicando o caderno e a(s) página(s) interna(s) onde a notícia continua. Esse é o indício mais seguro de que se trata de uma **chamada**.
(4) Os alunos procuram outros textos na PP, como títulos, legendas de fotos, gráficos etc., nos quais figurem as letras e números indicando onde a notícia continua nas PIs e passam um círculo em torno desses indícios.

(5) Observarão então que uma **chamada** pode conter título, sub-título, "olho", texto, foto e legenda, gráfico etc. e até se limitar a um simples título. Muitas vezes, também, a chamada é feita através de uma foto com uma legenda-chamada.

(6) O trabalho termina quando foram levantadas todas as formas em que uma **chamada** se apresenta, elaborando-se um quadro como o do Anexo.

(7) A classe conceitua a **chamada**. Pode-se depois comparar a conceituação da classe com a de um glossário jornalístico.

Observações

(1) Para as primeiras séries convém não sobrecarregar as crianças e trabalhar com suplementos infantis, ou começar por eles.

(2) Uma vez aprendido o indício principal (indicação da continuação da matéria no interior do jornal), dispensa-se a conceituação para alunos de classes iniciais do 1º Grau.

(3) Como este trabalho é mais genérico para este nível, basta que as crianças compreendam, pela prática, a significação dos indícios.

Ao professor

Uma **chamada** na PP compõe-se de vários elementos, e quando se trata de notícias em destaque podemos encontrar geralmente: manchete, subtítulo, antetítulo, "olho", foto com legenda e gráficos. Às vezes ela pode ser completada por uma caricatura.

As chamadas de notícias menos importantes podem conter somente alguns desses elementos, ou se constituir apenas de um título, um gráfico, um desenho.

Chamamos a atenção para chamadas constituídas apenas por uma foto e sua legenda. Essas notícias nem sempre são as mais importantes da PP, mas têm um destaque particular por causa do impacto que causa a foto. Nesses casos, a legenda pode ir além de um texto estritamente relacionado com a foto e ter alguma outra informação referente à notícia.

◈ Exercícios

Refazendo o quadro do Anexo, o professor pode propor à classe (ou grupos) um exercício onde se indiquem as notícias nos quadros da direita e os alunos as localizam, assinalam seus componentes e os escrevem na coluna da esquerda, conforme o modelo.

ANEXO

PP do jornal: *OESP*	data: *16-8-95*
notícia	a chamada apresenta
"ACM vence e reabre banco com 1.00" (manchete)	*Manchete, "olho", lide, foto e legenda (B1)*
Dallari e secretária fazem exame grafotécnico	*2 fotos, reprodução das assinaturas, legenda-chamada (A6)*
Temperatura de inverno chega a 31° na capital	*Título (C2)*
etc.	

Grupo 1   Grupo 2

29. LOCALIZAR A CONTINUAÇÃO DAS NOTÍCIAS DA PP

Conhecimentos prévios
Conhecer a estrutura do jornal e saber o que é chamada.

Objetivos
* Aprender a encontrar no interior do jornal a continuação da notícia estampada na PP.
* Conhecer e localizar os indícios pertinentes para essa atividade.

Nível dos alunos
A partir da 4ª série.

Tempo
2 aulas.

Material
Um jornal completo para cada grupo, de preferência do mesmo dia. Para os menores, trabalhar com suplementos infantis.

Desenvolvimento
(1) Levantamento de hipóteses pela classe a partir de perguntas como: para que serve a PP de um jornal? Ela traz tudo sobre as notícias estampadas? Onde continuam as notícias? Como encontrar a continuação? Quais são os indícios para se localizar a continuação da notícia? etc.

(2) A classe, orientada pelo professor, passa um círculo em torno das indicações para se localizar a continuação da notícia (número do caderno e da página).

(3) Os grupos folheiam o jornal para localizar a continuação das notícias.

(4) Para fixar o assunto, copiam, num quadro como o do Anexo, títulos da PP e os títulos da continuação da notícia nas PIs, com a indicação completa da localização do assunto nas PIs (caderno e página). Nesse ponto, já se pode observar que os títulos são diferentes. Pesquisar porquê.

Prolongamentos (Jogo)

(1) Num outro dia, o professor pode organizar um jogo: um grupo propõe aos outros grupos a localização de uma notícia no interior do jornal, que, naturalmente deve ser do mesmo dia para os dois grupos. O grupo que localiza primeiro ganha um ponto e o que propôs a pergunta também.

(2) Quando todos os grupos já fizeram sua pergunta à classe, contam-se os pontos.

(3) Algumas normas precisam ser estabelecidas, como dar um tempo fixo para os grupos prepararem suas perguntas. Cada grupo deve ter prontas mais de uma pergunta, pois um grupo anterior pode usá-la antes.

(4) O professor alerta a classe para que sejam escolhidos os assuntos mais difíceis de serem localizados para o jogo ficar mais interessante.

(5) O professor deverá avaliar de antemão que classes estão preparadas para este jogo.

ANEXO

jornal	título da PP	título da PI	localiz.	data
FSP	*Indústrias dão férias coletivas*	*Indústria ataca estoque com férias*	*2-1*	*21-6-95*
OESP	*Ar polar marca hoje início do inverno*	*Inverno chega às 17:35, com muito frio*	*C-6*	*21-6-95*
etc.				

Ao professor

Análise dos exemplos do quadro acima:

(1) Os títulos da PP são mais genéricos e os das PIs apresentam dados mais precisos, principalmente no exemplo de OESP.

(2) No caso da FSP, o título da PI não é padrão. O estilo agressivo pode causar dificuldade de compreensão: "ataca estoque" é uma reunião pouco usual de palavras nesse contexto. Mas o esclarecimento completo vem no subtítulo: **"Taxas de juros elevadas e queda das vendas obrigam as empresas a reduzir a produção"**.

30. ENTENDENDO O CABEÇALHO DE PERIÓDICOS

Objetivos
- Conhecer os elementos que estão presentes em cabeçalhos de jornais e revistas.
- Comparar cabeçalhos de diferentes periódicos.
- Desenvolver a observação, levantar dados, organizá-los, classificá-los e reinvestir o conhecimento adquirido.
- Conceituar.

Nível dos alunos
Todos os níveis, respeitando-se a competência de cada turma.

Tempo
2 sessões de 2 aulas cada.

Material
PP de jornais e revistas. PP de cadernos de jornais. Gibis para os menores. Quadro do Anexo 1 policopiado e num cartaz.

Desenvolvimento

PRIMEIRA FASE

(1) Antes de se distribuir à classe exemplares de um mesmo jornal (que não precisam ser todos do mesmo dia), a classe levanta hipóteses sobre o que é um cabeçalho e o que deve constar nele. Esses elementos são escritos no QN.

(2) Distribui-se então à classe os exemplares de um jornal para o levantamento de todos os elementos que se encontram efetivamente no cabeçalho examinado.

(3) Distribui-se também a cada aluno o quadro do Anexo 1. Um quadro idêntico pode ser desenhado no QN ou estar ampliado num cartaz.

(4) Escrevem-se as siglas do jornal nos quadrados correspondentes e, em cada linha, os elementos encontrados e apontados oralmente, passando-se um círculo em cada um no jornal.

(5) O professor só intervirá no final se algum elemento não tiver sido indicado, completando assim a lista. Esta intervenção será feita através de perguntas indutoras.

(6) Trabalha-se em seguida com um segundo jornal, ocupando a segunda coluna.

(7) Terminadas as listas, veremos pelo quadro que há elementos que aparecem em todos os jornais e outros que são específicos de um título.

(8) Conclui-se que há elementos **essenciais** nos cabeçalhos. Esses são relacionados numa lista à parte e agrupados nesse momento em elementos afins (por exemplo: todos os elementos das datas: cidade, dia da semana, dia do mês, mês e ano), preenchendo-se outro quadro em branco.

(9) Conceitua-se **cabeçalho**; as melhores definições são escolhidas para serem escritas no QN e para figurar no glossário do aluno. Pode-se também, depois deste trabalho, comparar as conceituações da classe com a de um dicionário jornalístico.

SEGUNDA FASE

(1) Em grupo ou individualmente, os alunos retomam a lista com todos os elementos constantes dos cabeçalhos (escritos nos quadros), começando pelos essenciais, e os numeram. Deixam para a parte final os elementos que não são comuns a todos os jornais.

(2) Recortam um cabeçalho de jornal e numeram os elementos nesse cabeçalho, segundo a lista estabelecida, fazendo um círculo em torno de cada elemento. Ver o Anexo 2.

(3) Fazem o mesmo com um ou mais jornais diferentes. Se aparecerem elementos diferentes em novos jornais, acrescenta-se à lista do quadro e lhes dão um número.

(4) Trabalham também com revistas, comparando os dois tipos de cabeçalhos.

(5) Terminam o trabalho elaborando diferentes cabeçalhos de periódicos imaginários. Esses títulos já devem apresentar seu logotipo. E ATENÇÃO para a diagramação do cabeçalho!

(6) Pode-se também fazer uma pequena redação sobre os elementos essenciais dos cabeçalhos de alguns jornais.

(7) Em outra redação pode-se comparar os cabeçalhos dos jornais com o de semanários, magazines, gibis etc.

ANEXO 1

Quadro para visualizar os elementos dos cabeçalhos

elementos	sigla dos periódicos		
	FSP	*OESP*	*DP**
Título	x	x	x
Slogan	x	-	-
Selo	x	x	-
etc.			

(faz-se o quadro ocupando toda uma página)

NOTA: * Diário Popular (SP).

ANEXO 2

Tomemos como exemplo os cabeçalhos da FSP e de OESP. Os números que aí figuram foram feitos para este exercício. Em classe, os números devem ser os que a turma fixou durante o trabalho.

1. Selo, indicando que a edição é **nacional** e não **estadual**
2. Hora de fechamento do jornal
3. Nome do jornal, logotipo do jornal
4. Selo comemorativo dos 75 anos da FSP
5. Responsável pelo jornal
6. Cidade em que é editado
7. Dia da semana
8. Data
9. Slogan do jornal
10. Ano de publicação
11. Número do jornal desse dia
12. Endereço do jornal
13. Preço

1. Preço
2. Nome do jornal, logotipo do jornal
3. Responsável pelo jornal
4. Selo, indicando que a edição é nacional
5. Ex-diretores do jornal
6. Ano de publicação
7. Dia da semana
8. Número do jornal desse dia
9. Cidade em que é editado
10. Data

31. ORGANIZAÇÃO LINGUÍSTICA DOS TÍTULOS

Conhecimentos prévios
Ter um bom conhecimento sobre títulos.

Objetivos
- Observar as estruturas das frases usadas em títulos e manchetes e seus componentes.
- Conhecer as principais normas da elaboração de títulos e manchetes.
- Exercitar-se na elaboração de títulos e manchetes.

Nível dos alunos
A partir da 3ª série para os verbos flexionados. A partir da 6ª série para os dois tipos de verbos apontados nesta atividade: flexionados e participiais.

Tempo
Variável, conforme o adiantamento da classe e o aprofundamento do assunto. Cada sessão não deve ultrapassar 2 aulas para os mais adiantados e ser mais breve com os menores.

Material
Ter à mão algumas PP de jornais, iguais ou diferentes para o primeiro dia; cadernos inteiros de jornais nos dias subsequentes.

Desenvolvimento

PRIMEIRO DIA: Substantivos e determinantes

(1) Cada grupo, com a PP de um jornal, copia em seus cadernos duas manchetes de PP e observa: os substantivos têm determinantes (artigos etc.)? Qual a razão de sua ausência? Como se explicam alguns casos com artigos?

(2) As manchetes e títulos têm adjetivos? Por quê?

(3) Cada grupo apresenta oralmente à classe suas conclusões, que são discutidas no coletivo.

(4) A classe formula normas a partir de suas conclusões, que são escritas no quadro, corrigidas e passadas nos cadernos.

(5) Fazem um rápido exercício de aplicação (que pode ser coletivo), analisando outras PPs.

SEGUNDO DIA: Tempos verbais mais comuns

(1) Em grupos, os alunos observam os títulos da PP e assinalam os verbos.
(2) Passam um traço quando os verbos estão flexionados, dois quando se trata de particípio (os alunos devem reconhecer esses tempos verbais).
(3) Cada tipo de frase é copiado numa coluna. Se quiser, utilizar este quadro para melhor visualização dos casos.

jornal: *OESP*	data: *19-8-95*
verbos flexionados	**verbos no particípio**
Bahia desiste de estatizar banco (PP)	*Adiada reabertura do Econômico (PP)*
MPB-4 faz 30 anos no palco (PP)	
Recorte e guarde págs. A15, D6 e G4 (PP)	*PREENCHER*
etc.	

(4) Concluem sobre a forma mais comum de verbo em títulos e manchetes. Analisam os efeitos criados por esse uso.

TERCEIRO DIA: Estruturas frasais

(1) Novamente em grupo, os alunos examinam PPs e observam se as frases das manchetes e títulos são simples ou complexas e se têm pontuação ou não. Concluem e estabelecem a norma.
(2) Analisam também os subtítulos, antetítulos e "olhos", pois neles podem aparecer pontuação e frases complexas.
(3) Os grupos criam diferentes títulos e subtítulos a partir de fotos jornalísticas ou gráficos.
(4) Os grupos criam títulos e subtítulos a partir de noticiário de TV relatado na classe ou de um acontecimento presenciado pelos alunos ou acontecido na cidade.
(5) Os alunos ou grupos criam títulos livremente.

Observação

O professor deve ter o bom senso de dosar muito bem, tanto a seleção dos assuntos como o tempo empregado nestes exercícios, para não torná-los muito áridos. O melhor é organizar sessões curtas e retomá-las com frequência no ano letivo.

◈ **Exercícios**

1º) Na lista abaixo, colocamos manchetes e títulos com elementos descartáveis. Os alunos devem analisá-los e eliminá-los (ou não), justificando:

a) **(O) dólar fica entre R$ 0,91 e R$ 0,99.** (FSP)

b) **(Um grande) tumulto fere pelo menos 20 pessoas na Argentina.** (FSP)

c) **John Major renuncia à liderança dos conservadores.** (FSP) (ou podemos dizer **de conservadores?**)

d) **(Uma) pesquisa revela o racismo.** (FSP)

e) **Portuguesa vai ter (o) Flávio contra o União.** (FSP)

Ao professor

Na análise, os alunos devem retirar tudo o que puderem, enquanto o sentido não ficar afetado.

No título d), corta-se **uma**, mas se conserva **o**, pois a matéria trata do racismo no Brasil especificamente.

No título e), corta-se o primeiro artigo **o**, mas mantém-se o segundo. Por quê? Este indica que se trata do **clube União** e não **da União** (Brasil).

A partir desses exemplos, o professor pode elaborar muitos exercícios com a classe, não precisando ter sempre o jornal do dia para o trabalho. A classe, dividida em grupos, pode também propor exercícios de um grupo para outro, ou expor seus títulos para análise coletiva dos colegas.

2º) Adjetivos necessários ou supérfluos em títulos – Na lista abaixo, a classe analisa os adjetivos dos títulos, suprimindo os supérfluos e justificando suas decisões. Foram pesquisados os jornais OESP e FSP do dia 23-6-95.

122

a) **Secretário recorrerá à PM em *novos* motins.** (OESP, C1)
b) **Comédia *mordaz* desmistifica vida de artista.** (OESP, D1)
c) **Diane Kurys cria triângulo *infernal*.** (OESP, D1)
d) **"Sou *infritável*", afirma Jatene.** (FSP, PP)
e) ***Novo* limite para dólar é de R$ 0,99.** (FSP, 2-1)
f) ***Grande* tumulto fere pelo menos 20 na Argentina.** (FSP, PP)
g) **Dólar *americano* fica entre R$ 0,91 e R$ 0,99.** (FSP, PP)

Ao professor

Permanecem **novos** e **novo**, em a) e e), pois dão uma informação mais precisa sobre o assunto. Os adjetivos de b) e c) ficam, porque acrescentam qualificação ao substantivo, enriquecendo-o. Se forem tirados do título, este fica apagado. **Infritável**, além de ser palavra do ministro é predicativo: permanece. Suprimem-se: **grande** f) por ser uma palavra imprecisa e não dar a dimensão exata do fato (consultar Nilson Lage, *A linguagem jornalística*, p. 42) e **americano** g). Como nossa moeda é sempre medida em função do dólar americano, não há necessidade de repeti-lo aqui.

A partir desses títulos, o professor procede como no exercício anterior.

3º) Obedecendo à progressão nestes exercícios de fixação, o professor terminará o seu trabalho com um último exercício onde entrem todos os casos de palavras necessárias ou supérfluas em títulos. Para aliviar a tarefa do professor, sobrecarregado e mal remunerado, este exercício poderá ser elaborado por grupos de alunos durante a aula, que submeterão suas escolhas à classe para análise.

32. QUAIS AS NOTÍCIAS MAIS IMPORTANTES DA PP?

Objetivos
- Observar a disposição dos títulos e manchetes na PP e suas diferentes formas.
- Diferenciar título de manchete.
- Conhecer subtítulo, antetítulo e "olho".
- Conceituar título e manchete, subtítulo, antetítulo e "olho".
- Abordagem da diagramação.

Nível dos alunos
A partir da 4ª série para aspectos gerais e da 5ª para aprofundamentos.

Tempo
2 sessões de até 2 aulas cada.

Material
PP de jornais para cada grupo, de preferência do mesmo dia.

Desenvolvimento

PRIMEIRA FASE

(1) Os grupos examinam uma PP de jornal e fazem hipóteses sobre quais são as notícias mais importantes, procurando justificar as indicações com os indícios pertinentes.

Sob a orientação do professor, devem descobrir que:

a) As notícias mais importantes têm títulos com caracteres tipográficos maiores.

b) Ocupam mais colunas (a principal ocupa todas as colunas da PP e geralmente vem numa única linha).

c) Localizam-se na parte de cima do jornal.

d) Podem ter subtítulos, "olho" ou antetítulo.

e) As notícias menos importantes ocupam menos colunas, têm caracteres tipográficos menores e estão na parte de baixo da página.

f) Os alunos verificam **o número de linhas** que pode ter o título de uma notícia. Observam que as notícias menos importantes ocupam várias linhas (geralmente de duas a três linhas; e uma, duas ou três colunas, conforme sua hierarquia de importância na PP).

(2) Os grupos conceituam **títulos** e **manchetes**, **subtítulos** e "**olho**". O professor deve assinalar que manchetes são os títulos mais importantes.

SEGUNDA FASE

(1) O professor inicia os trabalhos fazendo uma rápida revisão da fase anterior.

(2) O professor chama a atenção para a **diagramação** da página e a distribuição dos títulos e manchetes.

(3) Os grupos catalogam os diferentes caracteres tipográficos encontrados nos títulos, discutindo se essas diferenças são importantes ou não para destacar a notícia (ou às vezes minimizá-la).

(4) Para terminar, esboçando já um trabalho sobre **diagramação**, os alunos compõem uma PP, escrevendo apenas os títulos e manchetes, mas delimitando o espaço que cada notícia ou chamada ocupa, bem como determinando o local das fotos.

Observação

Para orientar a diagramação, consultar O *jornal na sala de aula* e *Projeto gráfico, teoria* e *prática da diagramação,* de Antonio Celso Collaro.

◈ **Exercícios**

Tomar PP de jornais e classificar as notícias pela sua importância, segundo o tamanho do título, dos caracteres tipográficos e o número de colunas que ocupam.

• **ANALISAR UMA NOTÍCIA MUITO IMPORTANTE NA PP** – A semana de 11 a 18-8-95 foi marcada pela movimentação política no "caso do Banco Econômico". O clímax dos noticiários ocorreu entre 15 e 16-8 (nos de TV foi nas duas noites anteriores). A notícia da aceitação da estatização do banco por FHC, a pedido de Antônio C. Magalhães, foi a bomba que detonou nos meios de comunicação. Assim a FSP deu amplo destaque em sua PP, no dia 16-8:

Além da grande manchete no alto da página com letras de 2cm, está o destaque da *Folha* para assuntos importantes, com dois subtítulos marcados com asterisco. A notícia ainda traz: um selo especial com os dizeres "Estatização do prejuízo" (que aparecerá nos dias subsequentes ao ser tratada a continuação do caso); amplo lide e informações preliminares; e mais duas pequenas chamadas com títulos menores sobre o assunto; grande foto de ACM e outros (31,5 X 14,5) com a legenda: **Acompanhado por parlamentares da Bahia, ACM chega ao Planalto para agradecer a FHC a solução do caso Econômico**. O assunto foi desenvolvido nas páginas 4 a 8 do caderno *Brasil* e mereceu o primeiro editorial (1-2), "Pelourinho's", com chamada no box "Opinião" da PP.

• **NOTÍCIA COM DESTAQUE NORMAL DE PP** – No mesmo número da FSP, entre outros títulos, temos por exemplo: **Grupo faz lista sobre sumiço de sem-terra**, em 4 linhas e uma coluna, na parte de baixo da página. Trata-se do início da reportagem do jornalista J. Maschio, enviado da *Folha* para cobrir o massacre dos sem-terra em Rondônia (pág. 1-4).

O OESP, por exemplo, costuma fazer chamadas com pequenos títulos para notícias de menor impacto jornalístico, segundo o jornal, dentro de um box embaixo da página à esquerda. (Localizar num exemplar do jornal e assinalar.)

33. LOCALIZAR AS TRÊS NOTÍCIAS MAIS IMPORTANTES DA PP

Conhecimentos prévios
Conhecer bem os títulos de jornal.

Objetivos
* Localizar as notícias mais importantes estampadas na PP.
* Comparar com as notícias mais importantes de outro jornal.
* Concluir sobre a importância que cada jornal deu aos fatos.
* Pronunciar-se contra ou a favor da seleção feita pelo jornal e justificar sua posição.

Nível dos alunos
A partir da 6ª série.

Tempo
2 aulas.

Material
A PP de dois jornais diferentes do mesmo dia para cada grupo. O quadro do Anexo policopiado.

Desenvolvimento
(1) Em grupos, cada aluno tendo em mãos o quadro do Anexo.
(2) Os alunos localizam as três notícias mais importantes da PP de cada jornal.
(3) Colocam o nome e a data do(s) jornal(is) nos quadrados respectivos e copiam os títulos por ordem de importância, em cada jornal, no quadrado correspondente.
(4) Justificam a seleção feita.
(5) Verificam e analisam as diferenças reveladas pela análise, pois nem sempre o que é manchete num jornal, não é em outro. O mesmo ocorre com as outras notícias.
(6) Discutem em grupo as causas prováveis das diferenças e dão suas próprias opiniões: estão de acordo com a ordem em que os jornais colocaram as notícias mais importantes? Consideram que há outras notícias que mereceriam os lugares mais importantes?

Como distribuiriam as notícias se não estivessem de acordo com os jornais?

(7) Os grupos apresentam oralmente suas conclusões e discutem as seleções dos jornais.

(8) O trabalho pode terminar com a elaboração de um pequeno texto apresentando o assunto.

Observações

O professor pode começar o trabalho analisando apenas os principais títulos de um jornal. Pode fazer isto com jornais de dias diferentes, para exercitar a classe. Só depois os alunos passam a trabalhar com dois ou mais jornais do mesmo dia, para comparar o destaque que cada periódico dá a uma mesma notícia.

ANEXO
Quadro para visualizar o lugar dos três títulos mais importantes do dia em diferentes jornais.

data: *1º-9-95*		manchetes e títulos	
nome do jornal	I	II	III
OESP	*Saem novas medidas antirrecessão.*	*Novo TR ameaça salários menores.*	*R.C. Mostra em pesquisa força das ONGs.*
JSP	*Governo mantém arrocho ao crédito.*	*Alterada a proposta do TR.*	*Bolsa lidera aplicações.*
etc.			

Ao professor

Damos abaixo os elementos que devem constar da justificativa para a classificação das 3 notícias mais importantes do quadro.

OESP I

Localização na página:	*parte superior*
Caracteres tipográficos:	*grandes (2cm)*
Colunas ocupadas:	*6 (todas)*
Linhas que ocupa:	*uma*
Foto? sim:	*14 x 22*

OESP II

Localização na página:	*parte superior*
Caracteres tipográficos:	*médios (1.1cm)*
Colunas ocupadas:	*4*
Linhas que ocupa:	*uma*
Foto?	*não*

OESP III

Localização na página:	*parte inferior*
Caracteres tipográficos:	*pequenos (0.7cm)*
Colunas ocupadas:	*2*
Linhas que ocupa:	*2*
Foto? sim:	*10.7 x 7.3*

FSP I

Localização na página:	*parte superior*
Caracteres tipográficos:	*grandes (2cm)*
Colunas ocupadas:	*6 (todas)*
Linhas que ocupa:	*uma*
Foto? sim:	*16.1 x 10.3*

FSP II

Localização na página:	*parte superior*
Caracteres tipográficos:	*médios (0.9cm)*
Colunas ocupadas:	*2*
Linhas que ocupa:	*2*
Foto?	*não*

FSP III

Localização na página:	*na "bandeira"*
Caracteres tipográficos:	*pequenos (0.7cm)*
Colunas ocupadas:	*2*
Linhas que ocupa:	*uma*
Foto? não.	*Gráfico*

Observação

A *FSP* estampa ainda na parte inferior da página uma chamada em destaque com foto-legenda (16,2 x 9,8) sobre a conquista da Taça Libertadores pelo Grêmio de Porto Alegre.

34. COMPARAR OS TÍTULOS DA PP COM OS DAS PIs

Conhecimentos prévios
*Conhecer bem o jornal no seu todo (cadernos)
e os aspectos fundamentais dos títulos. Ter prática
na localização da notícia nas PIs (atividade 29).*

Objetivos
- Conhecer as diferenças entre títulos da PP e os da mesma matéria nas PIs.
- Desenvolver a competência na redação de títulos para jornal ou outros trabalhos.

Nível dos alunos
A partir da 6ª série.

Tempo
2 aulas.

Material
Jornais completos para cada grupo de alunos. Para iniciar, recomenda-se um jornal com poucos cadernos.

Desenvolvimento
(1) Cada grupo trabalha com um jornal completo.
(2) Começa-se localizando o título mais importante e mais dois ou três outros.
(3) Pela indicação da localização da matéria nas PIs, procura-se a continuação de cada notícia escolhida nas PIs.
(4) Os alunos copiam o título da PP e embaixo o da PI referente a cada assunto.
(5) Escolhe-se um caso, escrevendo-se os dois títulos no QN, para análise com toda a classe.
(6) Os grupos assinalam as diferenças entre os dois títulos e levantam hipóteses sobre as causas das diferenças.
(7) Neste caso, será preciso a intervenção do professor para conduzir os alunos sobre os motivos das diferenças. O título da PP é sempre mais chamativo do que explícito. Nas PIs, como não há

mais necessidade de agarrar o leitor, os títulos são mais sóbrios e contêm mais informações sobre o tema.

(8) Quando isso fica bem claro para toda a classe, cada grupo escolhe um par de títulos e prepara uma análise das diferenças e suas consequências para a compreensão da notícia.

(9) Cada grupo expõe oralmente para a classe a sua análise, depois de escrever os títulos do QN. A classe copia os títulos em seus cadernos.

Ao professor

1°)   caso: (OESP, 10-8-94)

Itamar dá prazo para equipe econômica (PP)

Itamar quer definição de salário em 5 dias (81)

Neste exemplo, a manchete da PP é mais incisiva e mais vaga. Ficam faltando informações importantes, ou seja: para o que Itamar dá esse prazo? E de quanto é esse prazo?

Na continuação da matéria na p.1 do caderno B, a manchete é mais longa, menos incisiva e mais informativa: juntando-se as duas manchetes, completamos a informação: o prazo dado é de 5 dias, para a equipe econômica definir salários. Mas ainda seria preciso ler a matéria, ou pelo menos seu lide, para se saber de que salários se trata. Assim, as notícias vão sendo dadas aos poucos: primeiro a manchete da PP e seu lide; depois a manchete da PI e as informações complementares sobre a matéria. Com esta distribuição das informações, o leitor que quer apenas ter uma ideia geral das notícias, fica na PP; aqueles que querem saber mais vão às páginas internas.

2°)   caso: (OESP, 10-8-94)

Protesto de PMs por mais salário é reprimido em SP

Cerca de 400 policiais civis e militares protestaram ontem contra os baixos salários. Eles saíram em passeata do Centro ao Morumbi, complicando o trânsito. As policiais femininas que barraram os manifestantes choraram. (Páginas C1 e C3)

Aqui, trata-se de uma notícia menor da PP. Assim, tanto o título como o lide trazem o essencial sobre o fato. A notícia é extensa no caderno "Cidades", onde é manchete.

Mas, embora notícia principal do C1, informa pouco:

Passeata de policiais é bloqueada no palácio

3º) caso: (FSP, 12-5-95)

Adiada votação da emenda do gás

Artigo que beneficia a Petrobrás Distribuidora e empresa do grupo OAS pode ser eliminado do texto

Trata-se de uma notícia objetiva. A notícia continua no primeiro caderno, p. 6 e na seção "Painel". Manchete e subtítulo da PI completam as informações básicas:

Privilégio a empresas adia votação do gás

Reportagem da Folha mostrando que texto de relator beneficiaria duas empresas pode mudar conteúdo de emenda

Com seu sistema de título breve e subtítulo longo e explicativo, a FSP, só com eles, já nos dá uma ideia ampla do fato. Atende assim o leitor apressado que passa apenas os olhos pelas páginas para saber por alto o que está acontecendo. Para o leitor mais exigente e/ou diretamente interessado no assunto, a p. 6 traz muitas informações, entre matéria, boxes e quadros.

◈ **Exercícios**

Analisar estas manchetes de PP e PIs

1. OESP (21-6-95)
   Déficit comercial continua em junho (PP)
   Balança já mostra déficit de US$ 323 milhões (81)

2. FSP (21-6-95) – Caderno de *Informática*
   Programas ajudam a decifrar estrelas (6-1)
   Astrólogos ganham tempo delegando cálculos complexos ao computador; soft popular (lê) runas, I Ching e tarô
   Soft esotérico contempla mestres e leigos (6-8)
   Usuário pode escolher entre programas de abrangência e preços diversos; franquia dispensa conhecimentos

Pergunta-se: qual a diferença entre manchetes da PP dos jornais e as manchetes de um caderno?

3. OESP (21-6-95)

Corinthians mantém esquema na final (PP)
Corinthians tenta título e vaga na Libertadores (E1)

4. FSP (21-6-95)

Corinthians disputa hoje título inédito em Porto Alegre (título em 4 linhas na "bandeira") (PP)
Corinthians tenta acabar com "agonia de vice" contra Grêmio (4-1)

Sugestão: notícia esportiva no mesmo dia em dois jornais diferentes; analisar os títulos e concluir: qual o jornal que dá mais informações sobre o fato na PP e na PI?

5. FSP (21-6-95)

Distribuidor é chamado a explicar falta de gás (PP)
Governo suspeita de sonegação de gás (2-1)

6. OESP (21-6-95)

Câmara acaba com monopólio da Petrobrás (PP)
Câmara aprova emenda do petróleo em segundo turno (A4)

7. FSP (21-6-95)

Passa emenda do petróleo em 2º turno (PP)
Tumulto marca a 2ª votação do petróleo (1-9)

Pergunta-se: qual a diferença nas informações dos dois jornais sobre a aprovação da emenda de privatização da Petrobrás? Qual deles informa mais?

NOTA: A FSP, em sua reformulação gráfica em 1996, adotou uma sistemática nos títulos dos cadernos das PIs: cada assunto vem precedido de uma rubrica na cor específica do caderno e um antetítulo que sintetiza a notícia.

35. O MAPA DA NOTÍCIA (interdisciplinar)

Conhecimentos prévios
Ter um bom conhecimento da PP.

Objetivos
- Localizar, em mapas previamente preparados em cartolinas, os países e as cidades em que aconteceram as notícias da PP.
- Acompanhar notícias durante uma semana ou um período previamente determinado.
- Através da PP, ampliar conhecimentos geográficos.
- Compreender os principais acontecimentos do Brasil e do mundo num determinado período e relatados na PP de um jornal.

Nível dos alunos
A partir da 5ª série.

Tempo
Variável, dependendo do número de fatos a serem acompanhados. É preciso no mínimo três sessões na semana se o acompanhamento for semanal.

Material
Cartolinas ou papel de grande formato e canetas hidrográficas de várias cores, para os mapas e textos; tachas ou alfinetes coloridos e linha de cor; um mesmo de jornal diário, durante uma semana ou mais, conforme os acontecimentos.

Desenvolvimento
(1) Os alunos confeccionam um mapa-múndi e um mapa do Brasil nas cartolinas ou nos papéis de grande formato, deixando um espaço na parte de baixo do mapa. Uma outra maneira é proceder como a FSP, por exemplo: fazer um mapa do país (ou região), rodeado pelos países (ou regiões) limítrofes, colocando aí as indicações que julgam necessárias. Num quadrinho ao lado, colocam um mapa-múndi e destacam nele o país (ou região) referente à notícia.

(2) Diariamente, ou a cada dois dias, levantam as principais notícias da PP e decidem quais serão acompanhadas. Localizam nos

134

mapas a cidade e o país (a cidade e o estado no caso do Brasil) em que ocorreram os fatos.

(3) Colocam uma tacha ou alfinete na cidade e outra da mesma cor na parte de baixo ou ao lado do cartaz com o mapa, sobre um retângulo enquadrado com um fio da mesma cor.

(4) Dentro do retângulo, escrevem um lide da notícia (ou um título) e ligam as duas tachas (ou alfinetes) com a linha.

(5) Nos dias seguintes, procuram a sequência do fato nas PP dos jornais do dia. Fazem um retângulo ao lado sob o primeiro, quando se trata da mesma notícia, e escrevem as novas informações. Ligam o local do fato com o retângulo.

(6) Se ocorrerem fatos novos, abrem-se novos retângulos.

(7) No final da semana teremos uma representação visual e um resumo de fatos importantes daquele período, estampados na PP do jornal.

Prolongamentos e sugestões

(1) Para não complicar demais o quadro, sugere-se que na primeira vez que se fizer esta atividade, se escolha apenas um assunto para acompanhar.

(2) Outra sugestão é se fazer o levantamento e localização das notícias de um só dia, para começar. Para o dia seguinte, escolhem-se a(s) notícia(s) que serão acompanhadas.

(3) Propomos um mapa do Brasil à parte porque as PP estampam, geralmente, mais notícias de nosso país. Assim, se evitará o acúmulo de retângulos com os resumos, embaixo do mapa-múndi.

(4) Com o mapa da semana, professores de disciplinas relacionadas com o fato aprofundam os conhecimentos da classe sobre o noticiado: as cidades e países em que ocorreram, causas e consequências do fato, etc. Este prolongamento ou aprofundamento do trabalho pode ser feito, seja procurando mais informações nas PI, seja fazendo pesquisas específicas ou ambas as atividades.

Ao professor

A título de exemplo, o noticiário sobre a morte do ex-presidente da França, François Mitterand, ocorrida em 8-1-1996.

MORTE E SEPULTAMENTO DE FRANÇOIS MITTERAND, EX-PRESIDENTE DA FRANÇA

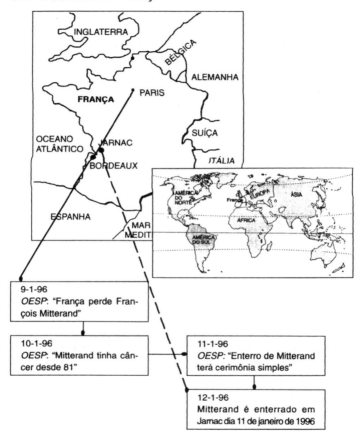

NOTA: Acompanhar nos jornais a morte de uma personalidade pode trazer assuntos de aula para várias disciplinas. No caso de Mitterand, localizar e conhecer um país europeu com longas relações culturais com o Brasil. Pode-se estudar personalidades políticas através do noticiário de sua morte. (Ver a análise do noticiário sobre a doença, morte e funerais de Tancredo Neves (1985) em *O jornal na sala de aula,* pp. 86-99.) Os professores também podem pesquisar em jornais e na mídia o noticiário sobre a morte de A. Senna (1994) e da banda "Mamonas Assassinas" (1996).

36. OS TÍTULOS E AS FUNÇÕES EMOTIVA E REFERENCIAL DA LINGUAGEM

Conhecimentos prévios
Os alunos já devem conhecer as três funções da linguagem mais comuns nos periódicos. O professor pode, se quiser, iniciá-las através desta atividade.

Objetivos
* Conscientizar os alunos de que a linguagem pode mudar o sentido de uma informação/notícia, conforme a escolha que se faz das palavras que as compõem, a ordem na frase e sua estrutura.
* Trabalhar com o aspecto semântico dos títulos.
* Trabalhar com sinônimos e seus diferentes usos, segundo o contexto.
* Conceituar funções da linguagem.

Nível dos alunos
A partir da 5ª série, dosando-se o aprofundamento das análises dos casos, conforme a capacidade da classe no momento em que se realiza esta atividade.

Tempo
Variável conforme o nível dos alunos. No máximo 2 aulas para cada sessão do trabalho, que deve ser cuidadosamente dividido em etapas.

Material
Exemplares de jornais onde se encontrem títulos que se enquadram nas funções estudadas.

Desenvolvimento
(1) Para iniciar os alunos nas funções da linguagem (ver *O jornal na sala de aula*), propomos um trabalho prévio a partir de exemplos, que mostrem as diferentes formas de se dar a versão de um fato. É mais fácil, para a compreensão, começar pela **função emotiva** ou **apelativa**, comparando-a com uma **versão referencial** do mesmo fato, por exemplo:

a) **Bebum rasga a esposa com 33 facadas**
b) **Bêbado assassina a mulher com 33 facadas**
c) **Marido embriagado mata a esposa a facadas**
Nesta sequência de títulos sobre um fato de natureza policial, o professor pedirá aos alunos que comparem as três versões. Os alunos levantam hipóteses sobre os efeitos causados por cada uma das versões, através da carga semântica de certas palavras.

(2) O professor comenta as hipóteses junto com a classe. Dá-se destaque à força expressiva de cada verbo, dos substantivos, da mudança no teor da informação quando se emprega **esposa** ou **mulher**, e quando vem indicado o número (elevado) de facadas.

(3) Para evidenciar a diferença entre uma versão referencial e uma emotiva, o professor usa a "pirâmide invertida" (ver **lides**), mostrando que o título referencial responde às principais perguntas da pirâmide, sem procurar influenciar o leitor. O fato é transmitido em sua forma mais neutra. No caso do exemplo acima, a terceira versão é a menos emotiva.

(4) A classe substitui verbos e substantivos por outros sinônimos e avalia o efeito produzido na informação.

(5) Os grupos de alunos procuram conceituar as funções estudadas. Escolhem-se as melhores definições. Se quiser, compara-se com uma conceituação científica.

(6) Como, em princípio, as funções mais frequentes usadas em jornais é a referencial, os alunos procuram em suas PPs dois ou três títulos de caráter referencial, aplicando a "pirâmide invertida".

(7) Cada grupo escolhe um exemplo e o apresenta oralmente à classe, e, se for necessário, o professor complementa as explicações.

◈ **Exercícios**

1º) O professor distribui para cada grupo uma foto jornalística, sem título nem legenda, e os alunos deverão redigir dois títulos para a mesma foto: um referencial e um emotivo.

2º) Num outro dia, cada grupo pesquisa títulos referenciais e emotivos em jornais e os apresenta à classe oralmente (os títulos são escritos no QN e copiados nos cadernos), explicando as diferentes versões. O professor completará as explicações se for necessário.

3°) Para classes a partir da 8ª série, propomos uma análise dos seguintes títulos, estampados em jornais diferentes, sobre um fato noticiado em 10-1-1992, quando os aposentados lutavam pelo pagamento de um aumento de 147% em suas aposentadorias e que não estavam sendo pagas pelo governo Collor:

Aposentado morre em fila no Rio *Folha de S. Paulo*
Aposentado morre na fila de espera pelo pagamento *O Estado de S. Paulo*
Morreu um na fila dos aposentados *Jornal da Tarde* (SP)
Velhinho morre na fila dos 147% *Folha da Tarde* (SP)
INSS mata aposentado na fila *O Dia* (RJ)

Ao professor

(1) Nos títulos do item **Desenvolvimento** (1), destacam-se: **bebum** é palavra da linguagem popular e tem conotação pejorativa e humorística. O contraste entre esse substantivo e **esposa**, palavra do registro culto (em certos casos até afetada), torna a vítima das 33 facadas ainda mais lastimável. O verbo **rasgar** tem grande conotação visual. Nesse contexto, aumenta a violência do ato. O número de facadas igualmente acentua a violência do crime.

O título b tem sua carga de emotividade e violência diminuída pela troca dos substantivos e dos verbos.

O título c tem um impacto ainda menor, pois usa termos referenciais e comuns em notícias desse teor em jornais. Além disso, a substituição das "33 facadas", pelo vago "a facadas" concorre para diminuir a intensidade da violência.

Nos exemplos do 3° exercício, deve-se considerar primeiro o porquê da ordem em que as manchetes dos diferentes jornais foram apresentadas. A classe analisa e levanta hipóteses. Com o auxílio do professor, deverão descobrir que a da FSP é mais referencial e a de *O Dia* mais emotiva e sensacionalista. Observar o efeito de: ausência de artigo diante de "aposentado" e "velhinho". De "um", da manchete do *Jornal da Tarde*. Da carga emotiva de "velhinho" na *Folha da Tarde*. Da mudança de intensidade expressiva entre os verbos "morrer" e "matar". Do conteúdo ideológico contido na manchete de *O Dia*.

139

(2) Na segunda desvalorização do Real, em 11-5-95, a maneira de apresentar os fatos em três jornais mostra diferenças de tom, através das quais se poderá analisar a posição do jornal.
Jornais de 23-6-95:

Cotação do dólar pode ir até R$ 0,99
BC altera a banda cambial e abre espaço para desvalorização de 6% do real (OESP)
Dólar fica entre R$ 0,91 e R$ 0,99
Alteração indica desvalorização do real de até 7,73%; para diretor do BC, mudança não gera inflação (FSP)
Real cai de novo e fica pau a pau com o dólar
Governo faz a segunda desvalorização e fixa em R$ 0,99 a cotação máxima da moeda americana (FT)

FT é a *Folha da Tarde,* da mesma empresa da FSP, mas com um apelo mais popular. Observar: 1) as diferenças de porcentagem indicada no OESP e na FSP, que não coincidem; 2) observar a linguagem cautelosa de OESP e a mais referencial da FSP; 3) observar o emprego do coloquial "pau a pau" na FT e a retomada do referencial no subtítulo.

(3) Observar o jargão jornalístico nesta manchete do caderno *Negócios,* da FSP (26-6-95):

Venda derrapa no freio ao crédito
Estoque de veículos novos nas concessionárias atinge 95.500, com crescimento de 39,4% em 30 dias

37. A FUNÇÃO CONATIVA NAS MANCHETES E TÍTULOS: FATO E VERSÃO

Conhecimentos prévios
Ter noções de funções da linguagem.

Objetivos
- Entender os recursos semânticos usados pelos jornais para veicular sua versão do fato e influenciar o leitor (função conativa).
- Conceituar.

Nível dos alunos
A partir da 7ª série.

Tempo
2 aulas.

Material
Ter em mãos alguns exemplos já selecionados. PP de jornais.

Desenvolvimento
(1) O professor parte de exemplos, comparando em dois jornais a versão de um mesmo fato, através de seus títulos e subtítulos.

(2) Os alunos observam os exemplos e assinalam as diferenças.

(3) Levantam hipóteses sobre o porquê das diferenças de linguagem nos jornais estudados.

(4) O professor orienta a classe, chamando a atenção para as diferenças semânticas dos termos utilizados nos dois jornais. Há uma razão ideológica para essas diferenças?

(5) Comparam as diferenças e semelhanças no uso das funções expressiva e conativa. Lembramos que ambas podem estar presentes numa mesma palavra. O contexto, a ideologia do jornal é que vai determinar seu peso conativo.

(6) Conceituar a função conativa e finalmente compará-la com a definição de um especialista.

(7) Estender a análise para textos de **publicidade** (ver mais sobre o texto conativo em *O jornal na sala de aula* e *Linguagem e persuasão*, de A. Citelli).

Ao professor

(1) **• ANÁLISE DE CASO** – Na primeira semana do governo Fernando Henrique, alguns senadores não dão quórum para a aprovação do nome indicado para presidir o Banco Central (Pérsio Arida). Barganham sua presença no plenário em troca da anistia ao senador H. Lucena, condenado pela justiça eleitoral por uso da gráfica do senado em sua propaganda eleitoral. No dia 5-1-95, as manchetes da FSP e do OESP são:

Senado atrasa aprovação de Arida (FSP)

Senado chantageia para aprovar Arida (OESP)

O verbo usado na manchete de OESP é forte e mostra, sem meias palavras, o apoio do jornal ao governo de Fernando Henrique, tomando partido explícito contra a manobra dos senadores. A FSP mantém distanciamento do fato com o uso de um verbo referencial.

Nas PIs, o OESP mantém o ataque, estampando:

Senado usa Arida para chantagear Planalto (A14)

A FSP, embora mais contundente na titulação da PI (1-7), mantém distância do fato:

Senado quer trocar Arida por Lucena

Em classes mais adiantadas, podemos aprofundar este tipo de análise através dos subtítulos e de "olhos".

Colocamos, anexo, uma análise mais longa da titulação de alguns jornais quando do "caso Ricúpero".

No dia 2 de setembro de 1994, em plena campanha presidencial de Fernando Henrique Cardoso, seu ministro da Fazenda, Rubens Ricupero, um pouco antes de entrar no ar na TV Globo para uma entrevista, conversa com o jornalista Monfort, enquanto os técnicos preparam os aparelhos. Sem saber que as antenas parabólicas estavam captando a conversa, o ministro faz algumas declarações comprometedoras sobre a ética da campanha de FHC e de posturas do governo Itamar. Já à noite, jornais televisivos comentam o caso e apresentam gravação da conversa em off feita por espectadores e divulgada por diferentes meios. A forma como alguns jornais noticiaram o caso mostra a distância que vai do fato à versão, misturando boatos, informações confusas e posições ideológicas.

Dia 3 de setembro de 1994, sábado

Ricupero admite esconder inflação

"O que é bom a gente fatura; o que é ruim esconde", diz ministro Ricupero afirma à TV Globo que ajuda campanha de FHC

(Folha de S. Paulo)

Apoio a Cardoso leva PT a acusar Ricupero

(O Estado de S. Paulo)

PT acusa ministro da Fazenda de ajudar Fernando Henrique

(Diário Popular – SP)

Fita do PT coloca Ricupero em apuros

(Jornal da Cidade – Bauru)

Dia 4 de setembro, domingo

Itamar decide afastar Ricupero

Presidente toma decisão após conhecer declaração do ministro de que ele é mais importante que o governo

(Folha de S. Paulo)

Entrevista leva Ricupero a se demitir

(O Estado de S. Paulo)

Ministro da Fazenda pede demissão
Cai máscara do plano real

(Diário Popular)

A versão do fato difere de jornal para jornal, evidenciando, em alguns, falta de precisão nas informações e veneno ideológico em outros.

No dia 3 de setembro, a *Folha de S. Paulo* põe a notícia na manchete principal, fazendo um resumo objetivo do que foi dito pelo ministro durante a conversa com o jornalista da TV Globo.

O *Estado de S. Paulo,* que fez campanha por FHC, tentou num primeiro momento minimizar os fatos. Em sua edição do dia 3-9, a informação é colocada, como notícia menor, no meio esquerdo da página. Além do mais, sem esclarecer do que se trata, dá a entender que tudo não passa de armação cavilosa do PT.

O *Diário Popular,* seja por estar mal-informado ou por outra razão, vai no mesmo sentido, acusando o PT, sem esclarecer os fatos, como fez a FSP.

E o jornal de Bauru "revela" que a fita transmitida pela TV era do PT (o que não era bem verdade; o PT recebeu a gravação de um espectador e, como partido de oposição, protestou) e sai pela tangente, com uma manchete de humor.

No domingo, dia 4, dada a importância da inconfidência de Ricúpero, o escândalo era irreversível. O governo tomou imediatamente providência para afastar o ministro. Nos jornais televisivos de sábado à noite, os fatos foram amplamente comentados e analisados, enfatizando-se as pressões para Ricúpero se demitir. Já não era possível minimizar o escândalo. O OESP procura salvar a cara do ministro atribuindo-lhe o pedido de demissão.

A FSP informa o contrário de OESP, afirmando que foi Itamar quem afastou o ministro. No subtítulo, a explicação já comporta veneno e indiretas em relação a Itamar, pois a decisão de afastar o ministro é dada apenas como uma reação a uma parte da fala de Ricupero (que ele seria mais importante que o governo).

Já o *Diário Popular* afirma que o ministro pediu demissão, deixa de atacar o PT e aproveita a ocasião para criticar o Plano Real, em letras garrafais, depois do antetítulo, atingindo outro candidato à presidência da república.

A verdade parece estar **no meio**, como se pôde constatar seguindo a evolução dos fatos. Ricupero efetivamente pediu demissão, mas sob forte pressão do governo (a constrangedora retratação de Ricupero na TV, domingo à noite, mostrou o peso das pressões e não ficou devendo nada às "autocríticas" do estalinismo!).

Entre o fato e a versão de cada jornal, houve muita diferença, não só nos ataques a uns e outros, como na linguagem usada para destacar ou esconder o que convinha ao jornal, no momento. Marcelo Leite, Ombudsman da *Folha,* escreveu com razão que "a distinção entre notícia e opinião é fundamental para se entender um jornal, mas às vezes a mistura das duas coisas permite compreendê-lo ainda melhor" (9-4-1995, 1,6). É preciso, pois, que os professores estejam atentos ao que se passa no dia a dia, para aproveitar ocasiões como essa, a fim de estudar com os alunos a linguagem conativa dos jornais.

(2) • **ANÁLISE DE CASO** - A linguagem conativa frequentemente se cruza com a linguagem emocional para melhor atingir o seu leitor, em temas políticos. Vejamos o exemplo da "novela" das turbulências econômicas com a primeira desvalorização real, em março de 1995.

Governo ajusta o Real, incentiva exportações e corta gasto público (7-3)

BC opera no mercado e segura dólar (8-3)

Anunciado plano para privatizar bancos (9-3)

BC trava duelo com especuladores (10-3)

Banco Central age na madrugada e ganha o 'duelo' com especuladores (11-3) (OESP)

Governo desvaloriza o real e inflação deve subir neste mês (7-3)

Dólar dispara e atinge R$ 0,99 (8-3)

Real 2 acelera fuga de capitais (9-3)

Megaintervenção tenta segurar real (10-3)

BC derruba dólar e juro explode (11-3) (FSP)

Cada jornal apresenta uma narrativa diferente dos fatos durante a semana de 7 a 11-3-95. Os jornais não mantêm também uma linguagem absolutamente referencial e neutra. O OESP dá uma versão favorável ao governo nas manchetes, apresentando-o senhor de uma situação (dias 7 a 9) que começa a fugir de seu controle, mas que é dominada de forma dramática: o "duelo" com os especuladores, vencido "na madrugada" (dias 9 e 10).

A FSP coloca nas manchetes os aspectos negativos dos fatos, que o OESP só apontou nos "olhos". São importantes nas manchetes da FSP a carga de intensificação que trazem os verbos, como **dispara**, **acelera**, **explode**. Ao contrário do OESP, a FSP mostra um governo fazendo esforços para dominar uma situação ("tenta segurar o real", dia 10) que não controla absolutamente.

Quem está com a razão?

Os dois jornais, se lermos também os subtítulos, pois tudo o que foi noticiado (dramaticidade à parte) aconteceu realmente. Só que cada um pôs nos subtítulos as informações que considerou complementares, havendo uma inversão de prioridades. Assim, o que um estampou na manchete o outro o fez no subtítulo e vice-versa.

38. ABERTURA OU LIDE

Conhecimentos prévios
Conhecer os componentes da PP.

Objetivos
- Conhecer os elementos que constituem os parágrafos iniciais de um texto de notícia, denominado **abertura** ou **lide**.
- Redigir aberturas ou lides.
- Conceituar.

Nível dos alunos
O lide pode ser utilizado desde o início do 1° Grau, desde que se saiba apresentá-lo de forma correta nas séries iniciais. Quanto mais adiantadas forem as turmas, mais se pode aprofundar o estudo e a redação de lides.

Tempo
Várias sessões de 2 aulas para os maiores e 20 minutos para as séries iniciais.

Material
Exemplos de lides variados já policopiados; PP de jornais. Com os menores pode-se começar com histórias infantis. A "pirâmide invertida", anexo, policopiada e em painel.

Desenvolvimento

PRIMEIRA FASE

(1) O professor deverá previamente conhecer a PP com a qual vai trabalhar e escolher, para começar, uma abertura clássica.

(2) A classe levanta hipóteses sobre os elementos mais importantes, que devem constar da abertura de uma notícia.

(3) Esses elementos são escritos no QN e discutidos pela classe.

(4) Os alunos recebem a "pirâmide invertida" policopiada, que será analisada, dando-se ênfase para a hierarquia entre os dados mais importantes e os complementares.

(5) Os alunos localizam nas aberturas de notícia policopiadas os elementos principais, observam a ordem em que estão colocados e os copiam em coluna, com a pergunta-chave na frente: (quem, o que etc.). Por exemplo, seja a abertura:

> O piloto Jorge Bandeira de Melo, sócio do empresário Paulo César Farias, o PC, ex-tesoureiro de campanha do ex-presidente Fernando Collor de Mello, foi preso ontem em Buenos Aires por policiais argentinos e brasileiros. Bandeira está condenado pelo Supremo Tribunal Federal (STF) a um ano e dois meses de detenção, por ter assinado cheques fantasmas.
> (OESP, 1-5-1995, PP)

QUEM: O piloto Jorge Bandeira de Melo (seguido de informações, colocando-o no contexto político brasileiro).
O QUE: foi preso
QUANDO: ontem
ONDE: em Buenos Aires
COMO: por policiais argentinos e brasileiros
PORQUE: está condenado pelo STF a um ano e dois meses de prisão... etc.

(6) Em seguida, os grupos examinam outras aberturas variadas (policopiadas) e que não seguem a ordem clássica, o que, aliás, não é a regra. Faz-se o mesmo exercício, destacando as perguntas da "pirâmide" e sua ordem.

(7) Os alunos levantam hipóteses sobre as razões da inversão. Nesses casos, o elemento do fato para que se quer chamar a atenção do leitor tem precedência na ordem. Quando há omissões de dados essenciais é porque espera-se que o leitor esteja a par do assunto, tratado há mais de um dia pelos jornais.

SEGUNDA FASE

(1) Numa nova etapa, cada grupo escolhe um lide da PP de um jornal, o analisa, explicando oralmente para a classe, que pode fazer perguntas, ajudar na interpretação ou corrigir erros eventuais.

(2) Entendido o que é, os grupos conceituam **abertura** ou **lide**, e confrontam com definições de glossários jornalísticos.

TERCEIRA FASE

(1) Num outro dia, depois da revisão do assunto, os alunos redigem aberturas de notícias, baseados em fotos jornalísticas distribuídas pelo professor, em uma notícia ouvida no dia anterior na TV, em algum fato que presenciaram ou aconteceu na cidade ou mesmo inventam fatos para elaborar um lide. O exercício deve incluir aberturas clássicas e outras em que os dados se encontram em ordens diferentes.

Ao professor

(1) A elaboração de aberturas de notícias e informações é um importante elemento na aprendizagem da redação e serve também para parágrafos iniciais de qualquer tipo de informação, cartazes, e mesmo textos científicos. Por isso, deve-se prever a REPETIÇÃO DESTES EXERCÍCIOS em diferentes momentos do ano letivo.

(2) A principal característica do lide ou abertura é sua objetividade, portanto, mesmo quando se trata de assunto altamente emotivo, o lide prende-se à **função referencial**. Observe-se o lide abaixo, referente a um crime que despertou muito interesse pelas suas características chocantes e que foi explorado sob os mais variados tons: sensacionalista, emocional, psicológico, social etc.:

> O estudante G... P... , que confessou ter matado os pais, irmã, avós, foi indiciado por homicídio qualificado, crime que prevê pena de 30 anos de prisão. Caso se comprove sua insanidade mental, ele ficará num manicômio. Ainda não se sabe o motivo que o levou a praticar os crimes. (OESP, 7-10-94, C1)

Como se pode observar, a abertura desta chamada "esfriou" a notícia, com suas características estritamente referenciais. Nela, pode-se identificar sem dificuldade as questões básicas da pirâmide invertida.

(3) Em seguida, um lide, de PP da FSP (12-5-95) sobre a greve dos petroleiros em 1995. É um exemplo dos acréscimos, bem dosados, das informações, parágrafo por parágrafo.

A votação em segundo turno da emenda do gás canalizado foi adiada de ontem para a próxima terça-feira, depois que a **Folha** revelou que ela beneficiaria a BR (Petrobrás Distribuidora) e empresas da OAS.

Na votação de terça-feira pode ser suprimido o artigo que beneficia as duas empresas.

A emenda aprovada em primeiro turno acaba com o monopólio do gás canalizado, mas mantém direitos das atuais concessionárias – a BR e a OAS são sócias dessas empresas.

(4) Em sequência uma pequena notícia que a FSP coloca em suas páginas interiores, no alto ou nos lados, onde a informação e o lide se fundem em sua objetividade:

Greenpeace ocupa plataforma
Dois membros da entidade de defesa ambiental Greenpeace ocuparam anteontem no mar do Norte, próximo à Escócia, a plataforma petrolífera Brent Spar. O grupo tentava impedir o afundamento da plataforma, que, segundo ele, contaminaria o mar. A proprietária, a empresa anglo-holandesa Royal Dutch-Shell, decidiu anteontem adiar o afundamento. (FSP, 18-6-95, 1-18)

(5) Finalmente, o exemplo de um lide onde, além do seu caráter referencial, está também presente uma linguagem técnica, por se tratar de um jornal especializado, como a *Gazeta Mercantil* (25-5-95). Trata-se de uma informação sobre o funcionamento de refinarias, quando da greve dos petroleiros em 1995.

Oito das dez refinarias da Petrobrás *estarão operando* hoje e contribuindo com 50% da *capacidade de processamento de petróleo* no País, garantiu ontem o presidente da empresa, Joel Rennó.

ANEXO

A pirâmide invertida

ABERTURA OU LIDE

Quem? O quê? Quando? Onde?

CORPO OU DESENVOLVIMENTO DO TEXTO

Como?
Porquê?
Em que
contexto?
Com que
resultados?

FONTE: PINTO, Manuel. *A imprensa na escola,* Guia do professor. Lisboa, Jornal *Público,* 1991, Cadernos PÚBLICO na Escola, 1.

39. TEMPOS VERBAIS UTILIZADOS EM LIDES

Conhecimentos prévios
Conhecer bem a estrutura do lide.

Objetivos
- Aprofundar o domínio da linguagem do lide ou abertura.
- Assimilar noções práticas do aspecto e o modo dos verbos.

Nível dos alunos
A partir da 6ª série.

Tempo
2 aulas a serem repetidas em outro momento do programa.

Material
PP de um jornal para cada grupo; o quadro policopiado.

Desenvolvimento
(1) Cada grupo, com uma PP, analisa os lides, assinalando os verbos centrais do primeiro parágrafo.
(2) Os alunos organizam os verbos em colunas, segundo os tempos e modos em que se encontram.
(3) Observam que são do **modo indicativo**.
(4) A classe faz hipóteses procurando uma explicação. O professor orienta os alunos para se chegar a uma conclusão.
(5) Os grupos analisam os verbos das aberturas de outra PP para confirmar as hipóteses e a conclusão a que chegaram.
(6) Finalmente redigem lides, a partir dos meios já conhecidos, utilizando cada um dos tempos verbais usuais nesses textos.

Ao professor
Nos lides, o verbo principal deve estar no **perfectivo**, pois esses textos concentram as informações básicas da notícia e devem ser pontuais. Não há lugar, pelo menos no primeiro parágrafo do lide, para suposições, dúvidas ou fatos que aconteceram num tempo indeterminado do passado (pretérito imperfeito, tempos do modo subjuntivo). Os fatos acontecem, aconteceram ou acontecerão. Vejamos estes exemplos:

152

No Pretérito:

> Os aeroportuários de Cumbica, Guarulhos, *entraram* em choque com a polícia, ontem ... (OESP, 18-11-95)

No Futuro:

> (*sem certeza*) O ministro da Justiça *vai encaminhar* ao Planalto ... etc. (OESP, 18-11-95)
> (*com certeza*) O IPCr de *novembro estará* perto de 3% ... e dará pretexto ... etc. (FSP, 18-11-94)

No Presente:
> O número nove ... do atlas *Folha* ... *vem* apenas nos exemplares de banca. (FSP, 18-11-94)

◈ **Exercícios**

1º) Para visualizar melhor os tempos verbais de lides, elaborar o quadro abaixo e preencher:

jornal pesquisado: *OESP*		data: *26-8-95*
pretérito	**presente**	**futuro**
O BC decretou ontem a... (PP)	*Começam a vigorar hoje as restrições às... (PP)*	*O governo poderá diminuir cobrança do... (PP)*
Nunca houve um filme tão caro como Water-world (DIS)	**PREENCHER**	
etc.		

NOTA: Este exercício pode também ser feito com manchetes de jornais. Pode-se também comparar os tempos verbais da manchete e seu lide.

153

2º) Exercício para visualizar as três funções do **presente**, conforme seu contexto no lide, através de um quadro:

jornal pesquisado: *OESP e FSP*		data: *23-6-95*
função de presente	**de passado**	**de futuro**
Circula hoje o jornal do Clube do Assinante (PP)	*Embargo cai e prefeito encerra greve. (C4)*	*Negrão e Carlos ficam de fora contra Cuba. (E8)*
"Cidade Negra" cai na dança. (D3)	*Rio faz festa para os 88 anos de Darcy. (C3)*	*Folha traz série de S. Salgado. (PP)*
etc.		

NOTA: A classificação é feita levando-se em conta o contexto da notícia.

40. CAMPOS SEMÂNTICOS DOS LIDES OU ABERTURAS

Conhecimentos prévios
Conhecer bem a estrutura do lide.

Objetivos
- Aprofundar o domínio da linguagem dos lides.
- Introduzir a noção de campos semânticos.

Nível dos alunos
A partir da 7ª série.

Tempo
2 aulas para a primeira sessão e 1 aula para o momento de avaliação ou fixação do assunto.

Material
Uma PP de jornal para cada grupo e o quadro desta atividade (Anexo) policopiado.

Desenvolvimento
(1) O professor orienta a classe a partir de exemplos tomados ao jornal sobre a significação dos três termos do quadro: **deslocamento**, **transformação** e **enunciação**.

(2) Os grupos assinalam os verbos principais dos lides.

(3) O professor pede que os grupos analisem os verbos e os classifiquem em uma das rubricas acima.

(4) Cada grupo escolhe um exemplo para comentar oralmente para a classe. O início do lide pode ser escrito no QN e copiado nos cadernos. A classe opina sobre a explicação dos colegas e o professor orienta, corrigindo se for necessário.

(5) Os alunos escrevem os exemplos de cada grupo nas colunas respectivas de seu quadro.

(6) Concluem sobre: qual o campo semântico mais comum no lide da PP?

(7) A classe levanta hipóteses sobre o porquê dessa concentração numa determinada coluna.

(8) Os grupos elaboram lides empregando cada uma das categorias.

(9) A classe pode, em outros momentos, examinar os lides da PP de cadernos e os lides das PIs, comparando os resultados com os da PP e dos cadernos entre si.

Ao professor
a) Deslocamentos
Agrupa verbos de movimento da ordem do IR.
O presidente de uma seção eleitoral do Rio ... se *apresentou* ontem ... etc. (FSP, 18-11-1994)

É preciso tomar cuidado para não confundir com o verbo IR na função de auxiliar.

b) Transformações
Agrupa verbos da ordem do FAZER.
O governo *alterou* os limites mínimo e máximo para as cotações do dólar. (FSP, 23-6-95)

c) Enunciações
Agrupa verbos da ordem do DIZER:
O senador E.C. *acusou* ontem ... (OESP, 18-11-94)

O levantamento e classificação dos verbos pelos campos semânticos, além de aprofundar o conhecimento da linguagem de lides, também aumenta o vocabulário dos alunos, preparando-os para redigirem informações com verbos variados.

ANEXO

jornal pesquisado: *FSP*		data: *23-6-95*
deslocamentos	**transformações**	**enunciação**
Circula neste domingo...	*O governo alterou os limites de cotação dólar.*	*O ministro A. J. negou que está deixando o governo.*
PREENCHER	*... os Supermercados de SP reajustarão... os preços...*	*O ex-ministro C. G. disse que...*

NOTA: O professor pode trabalhar com lides das PIs e dos Cadernos. Neste caso, colocar também a **localização**.

156

GLOSSÁRIO

Agência de notícias – Empresas que cobrem fatos e distribuem informação jornalística para todos os meios de comunicação. Podem ser locais, nacionais ou internacionais. Mantêm uma rede de correspondentes e informantes e já selecionam as notícias a serem transmitidas.

Antetítulo – Frase ou palavra precedendo o título principal. Sua função é introduzir a matéria ou complementá-la.

Bandeira – Recurso usado ultimamente pela FSP, na PP, para destacar uma notícia ou serviço que, embora importante, não merece manchete (*Manual de redação* da FSP). Vem logo abaixo do cabeçalho, com títulos em corpo menor, fotos etc., mas dispensa texto.

Caderno – As partes separadas de um exemplar do jornal. Eles reúnem assuntos correlatos, apresentam **seções** ou **colunas** fixas e demais matérias ligadas ao seu tema geral.

Caixa ou box – Matéria jornalística enquadrada por fios ou cores contrastantes, que destacam o assunto ou trazem informações adicionais à matéria veiculada.

Caracteres tipográficos – Tipos de letras de diferentes desenhos e tamanhos (denominados **corpo**) usadas na imprensa. Em jornais e revistas os caracteres mais comuns são o **redondo**, o **grifo** ou **itálico** e o **negrito** ou **bold**. (Ver *O jornal na sala de aula*, p. 36 e segs.)

Chamada – Texto, completado por títulos, fotos e sua legenda, gráficos, mapas etc., que resume a notícia, geralmente as de PP, para atrair o leitor. Embaixo, à direita, encontram-se as indicações do caderno e da página em que a notícia continua. A chamada pode também se constituir de apenas um título ou uma foto com um texto-legenda.

Chapéu – Palavra ou expressão, sempre sublinhada, colocada acima do título de uma matéria, para caracterizar o assunto da notícia.

Classificados – Anúncios de oferta e procura de serviços profissionais, de empregos, de utilidade em geral, de compra e venda de imóveis, veículos etc. Vêm em **seções** especiais, em pequeno formato e com um mínimo possível de palavras (às vezes abreviadas), pois o espaço no jornal custa caro.

Coluna – Seção assinada de um jornal ou revista e colocada sempre na mesma página. Seu estilo é mais livre e pessoal que o do noticiário comum. As colunas têm um título fixo ou rubrica.

Créditos – Indicação do nome do autor da matéria, do fotógrafo, no caso de fotografias, chargistas ou ilustradores ou da agência de notícias. Neste caso ela vem indicada por siglas: AE, Agência Estado.

Ex-libris – É um desenho de caráter alegórico, com o nome do possuidor. O **ex-libris** do OESP (fundado em 1875 com o nome de *A Província de S. Paulo*) representa a venda do jornal em seus primeiros tempos nas ruas de S. Paulo. A venda era feita por homens a cavalo, que anunciavam o jornal soprando num tipo de berrante. O OESP estampa seu **ex-libris** no editorial principal (A3).

Fanzine – Publicação de imprensa alternativa, produzida geralmente de forma rudimentar (até em folhas feitas a mão e xerocadas). Tratam de assuntos culturais específicos de um determinado público (rock, HQ) e são vendidos informalmente pelos produtores.

Indícios – Elementos característicos (textuais, gráficos, logotipos) que comprovam tratar-se de um determinado texto, caderno, seção etc.

Infografia – Conjunto de informações (textos, desenhos, gráficos) posto de forma esquemática para situar rapidamente o leitor sobre determinado assunto. As informações são colocadas de maneira didática e geralmente em ordem cronológica de episódios, quando o assunto já vem sendo destaque há mais tempo. A parte escrita não aparece em forma de texto contínuo e sim através de frases curtas, que resumem o fato ocorrido e seus desdobramentos anteriores.

Informações Utilitárias ou Serviços – Neste livro, por questões pedagógicas, chamamos de **informações utilitárias** toda informação jornalística que sirva para orientar o leitor em sua vida diária. São de diversas naturezas, como: informações meteorológicas, econômicas (cotação de moedas), horário de programas de cinema e TV etc.

Fio ou Filete – Traços lisos ou de fantasia, usados para separar colunas, sublinhar ou delimitar espaços na página. Servem para contornar blocos de texto, separar colunas, ornamentar, indicar ações, como o de **picote** para recortar. Ver no DC o verbete Fio, onde se estampam variados tipos de **fio**.

Fontes – Dados que indicam a procedência da notícia; vão das agências de informação aos envolvidos que deram depoimentos a porta-vozes de determinados setores e informantes em geral. Há uma lei que assegura ao jornalista o direito de manter sigilo sobre suas fontes.

Legenda – Pequeno texto com informações e/ou comentários sobre a foto ou matéria da foto. A legenda não deve ser a duplicação da foto, mas ajudar o leitor a compreendê-la (local, nome de pessoas claramente indicados, como: à esquerda, de chapéu etc.), a interpretá-la. A legenda simples deve conter os elementos principais da Pirâmide Invertida. Além de criativa, a legenda pode ser **informativa**, **explicativa**, **interpretativa**, **irônica**, **instigadora** etc. A legenda pode ter um título, como faz o OESP. **Texto-legenda**: é uma legenda com outras informações além das que se referem à foto, quando funciona então como **chamada**. Pode ser também uma legenda de estilo mais livre, comentando a foto como uma pequena crônica. (Ver OESP, C2.)

Lide – É a abertura do texto. Há dois tipos básicos de lide. No **lide noticioso** constam as perguntas básicas que devem ser respondidas sobre o fato (quem, que, quando, onde, como e por que). Há outros tipos de lide, como os provocadores. Neste caso, o importante é incitar a ler o texto. O **lide noticioso**, além de resumir, também situa o leitor quanto ao fato e orienta o próprio texto, pois os parágrafos seguintes funcionam como desdobramento das informações contidas no início.

Logomarca – Conjunto de símbolos com logotipo e desenhos numa só composição gráfica, indicando a marca de um produto.

Logotipo – Conjunto gráfico (imagens, ideogramas, letras e desenhos de traçado característico) para provocar a identificação imediata de uma empresa, de cadernos ou seções de jornal, de matérias, de produtos e suas embalagens etc. (Ver **logomarca**.)

Magazine – Revista de variedades, com muitas ilustrações e fotos.

Matéria – Tudo o que é publicado sobre um assunto ou que integra os dados, informações etc. sobre ele.

Notícia – "Relato de uma série de fatos a partir do fato mais importante. A estrutura da notícia é **lógica**; o critério de importância ou interesse envolvido em sua produção é **ideológico**: atende a fatores psicológicos, comportamento de mercados, oportunidade etc." (Lage, *A estrutura da notícia*.)

Olho – Tem a mesma função do subtítulo, mas se distribui entre 3 e 5 linhas. É usado no OESP logo abaixo do título, à direita. É também um **intertítulo**, pequeno trecho destacado da matéria, em corpo maior, para o arejamento e divisão de textos longos.

Periodicidade – "Intervalo de tempo entre a publicação de duas edições sucessivas de um veículo periódico" (DC). Se a periodicidade for constante, classifica-se como: diário, semanário (ou hebdomadário), bimensal (ou quinzenário), mensário, anual etc.

Relógio – Indica a hora de encerramento da edição no dia anterior. Com essa indicação, o jornal justifica-se por não ter abordado fatos ocorridos depois do fechamento da edição.

Rubrica – Título dado a uma matéria. Pode ser o nome de um assunto pontual ou constante ou de determinada seção ou coluna.

Seção – Espaço no jornal onde são reunidos assuntos específicos e/ou correlatos, como economia, política nacional, meteorologia etc. No jornal, a seção é uma subdivisão de um caderno.

Selo – Logotipo para provocar a identificação imediata de um assunto, uma informação, constituindo sua marca visual.

Símbolo – Elemento identificador e representativo de alguma coisa. No jornal pode ser a marca de um produto, a grafia específica de uma empresa, a indicação visual de uma matéria etc. (Ver **logotipo**.)

Sucursal – Equipe de jornalistas formando a Redação de um jornal em outra cidade. Representam o jornal junto às instituições da cidade, selecionam fatos e elaboram matérias, enviadas para a Sede do jornal. A FSP tem duas sucursais: no Rio e em Brasília.

Tabloide – Jornal de tamanho pequeno (29 x 39 cm), correspondendo mais ou menos à metade do formato de um jornal standard (38 x 58 cm).

Versão – O tratamento dado ao(s) fato(s) pelo jornal ou pelo jornalista ou colaborador do periódico. Na versão entram a seleção dos fatos, a explicação e a interpretação global ou parcial do acontecimento e mesmo a forma gráfica de sua apresentação, incluindo-se o lugar que o evento ocupa na(s) página(s), a sua diagramação e os componentes da notícia: texto, títulos, fotos, mapa, gráfico etc. Os jornais costumam estampar artigos que podem divergir de sua própria versão ou posição ideológica, a fim de dar ao leitor a oportunidade de conhecer outras posturas. Neste caso o jornal explica, como a FSP na seção *Tendências/Debates* (1-3), que "os artigos não representam necessariamente a opinião do jornal". No OESP, esta seção se chama **Espaço Aberto** e vem na página 2 do primeiro caderno.

BIBLIOGRAFIA

AGNÈS, J. e SAVINO, J. *Apprendre avec la presse*. Paris, Retz, 1988.

_____. e equipe do CLEMI. *L'Information dans les médias*. Paris, CLEMI, CNDP e MEC, 1991.

BAHIA, J. *Jornal, história e técnica 2 – As técnicas do jornalismo*. 4ª ed. São Paulo, Ática, 1990.

BLIKSTE, I. *Técnicas de comunicação escrita*. 2ª ed. S. Paulo, Ática, 1985. Série Princípios.

CHARMEUX, E. *Aprender a ler: vencendo o fracasso*. Trad. Maria José A. Ferreira. S. Paulo, Cortez; 1994.

CITELLI, A. *Linguagem e persuasão*. S. Paulo, Ática, 1985. Série Princípios.

COIMBRA, O. *O texto da reportagem impressa*. Um curso sobre sua estrutura. S. Paulo, Ática, 1993.

COLLARO, A. C. *Projeto Gráfico: teoria e prática da diagramação*. S. Paulo, Summus, 1987. (*Novas Buscas em Comunicação*, 20).

DELAUNAY, C. e outros. "Lecture du journal". In: *Lecture des textes et enseignement du français*. Org. GUEUNIER, N. Paris, Hachette, 1974.

FARIA, M. A. *O jornal na sala de aula*. 6ª ed. S. Paulo, Contexto, 1996.

HERR, N. *J'apprends à lire avec le journal*. Paris, Retz, 1988.

KOTSCHO, R. *A prática da reportagem*. S. Paulo, Ática, 1986. Série Fundamentos.

JOLIBERT. J. (coord.) *Formando crianças leitoras e produtoras de texto*. Porto Alegre, Artes Médicas, 1994.

LAGE, N. *Linguagem jornalística*. S. Paulo, Ática, 1985. Série Pincípios.

_____. *Estrutura da notícia*. S. Paulo, Ática, 1985. Série Princípios.

161

MARCONDES FILHO, C. *O capital da notícia*. S. Paulo, Ática, 1986. Coleção Ensaios.

_____. *Jornalismo fin-de-siècle*. S. Paulo, Scritta Editorial, 1993.

MELO, J. M. "Estudo comparativo de três jornais brasileiros". In: *Comunicação social, teoria e pesquisa*. Petrópolis, Vozes, 1973.

_____. "Presença do jornal na escola: iniciação ao exercício da cidadania". In: *Comunicação & Libertação*. Petrópolis, Vozes, 1971.

MORDUCHOWICZ, R. *Ventanas de papel*. El diario en la escuela. 2ª ed. Buenos Aires, Aique, 1993.

NIDELCOFF, M. T. *A escola e a compreensão da realidade*. 5ª ed. S. Paulo, Brasiliense, 1982.

PAILLET, M. *Jornalismo, o quarto poder*. S. Paulo, Brasiliense, 1986.

PERINI, M. *Para uma nova gramática do português*. S. Paulo, Ática, 1985. Série Princípios.

PINTO, M. "A Imprensa na Escola" – Guia do Professor. *Cadernos "PÚBLICO na Escola"*, 1, Lisboa, 1991.

_____. e SANTOS, A. "Utilizar criticamente a imprensa na escola". Fichas de trabalho. *Cadernos "PÚBLICO na Escola"*, 4, Lisboa, 1994.

RABAÇA C. e BARBOSA, G. *Dicionário de comunicação*. 2ª ed. S. Paulo, Ática, 1987.

RIBEIRO, J. C. *Sempre Alerta*. Condições e contradições do trabalho jornalístico. S. Paulo, Brasiliense, 1994. "Olho d'água".

ROMIAN, H. "Colocar os verdadeiros problemas". In: *Para uma outra pedagogia da leitura*. (org.) JOLIBERT, J. e ROMIAN, H. Porto, Livraria Civilização Editora, 1979.

ROSSI, C. *O que é jornalismo*. 9ª ed. S. Paulo, Brasiliense, 1991. Coleção Primeiros Passos, 15.

SANTOS, A. "Visita ao jornal" – Guia do professor. *Cadernos "PÚBLICO na Escola"* /2. Lisboa, 1991.

_____. e PINTO, M. *O jornal escolar, porquê e como fazê-lo*. Porto, Edições ASA. Coleção Cadernos Pedagógicos. Projeto "Público na Escola".

SEVCENKO, N. "O rosto do mundo". In: *Folha de S. Paulo*, Primeira Página, 1925-1985.

SOARES, I. O. *Para uma leitura crítica dos jornais*. S. Paulo, Paulinas, 1984.

SPIRLET, J.-P. e l'ARPEJ. *Utiliser la presse au collège et au lycée*. Paris, "Presse et Formation", 1990.

_____. *Utiliser la presse à l'école*. Paris, "Presse et Formation", 1990.

GRÁFICA PAYM
Tel. (011) 4392-3344
paym@terra.com.br